HISTOIRE

DE

BRIVE-LA-GAILLARDE

ET DE

SES ENVIRONS

Recueillie successivement

Par quatre Citoyens de cette Ville

Nos vero hæc patriam grati referemus ad urbem. (Virg. Énéide, liv. II.)

(Nous offrons cet hommage de reconnaissance à notre patrie.)

OUVRAGE PUBLIÉ A BRIVE EN 1810

Réédition

BRIVE

IMPRIMERIE DE MARCEL ROCHE

—

1879

HISTOIRE

DE

BRIVE-LA-GAILLARDE

ET DE

SES ENVIRONS

HISTOIRE

DE

BRIVE-LA-GAILLARDE

ET DE

SES ENVIRONS

Recueillie successivement

Par quatre Citoyens de cette Ville

Nos verò hæc patriam grati referemus ad urbem. (Virg. *Énéide*, liv. II.)

(Nous offrons cet hommage de reconnaissance à notre patrie.)

OUVRAGE PUBLIÉ A BRIVE EN 1810

Réédition

BRIVE

IMPRIMERIE DE MARCEL ROCHE

1879

AVIS DE L'ÉDITEUR

Encouragé par les membres les plus autorisés
de la Société scientifique, historique et archéologique de la Corrèze, je crois utile de rééditer
« l'Histoire de Brive, » commencée par l'abbé
d'Espagnac, conseiller du roi au Parlement de
Paris en 1754, continuée par MM. Serre père
et fils et terminée par l'abbé Leymonerie,
comme eux, enfant du pays.

Certaines erreurs ; quelques appréciations
inhérentes au caractère sacerdotal de deux des
auteurs et se ressentant de l'époque à laquelle
ils ont écrit; diverses lacunes même ne sau-
raient diminuer le mérite réel de cet ouvrage,
le seul qui, jusqu'ici, ait traité spécialement de
l'histoire de la ville de Brive.

La disparition, le détournement de la plupart
des archives communales qui servirent de base
aux travaux des « quatre citoyens, » rendent
plus précieuse encore cette œuvre résumant de
nombreux parchemins dont on ne retrouve
généralement plus aucune trace.

Il semble donc nécessaire de rééditer cette
« Histoire de Brive, » que l'abbé Leymonerie
fit paraître en 1810, et qui n'a jamais eu que

cette seule édition, aujourd'hui complètement épuisée.

C'est dans le but d'empêcher la complète disparition de cet ouvrage que cette réédition est faite. Le texte de l'abbé Leymonerie a été scrupuleusement respecté. Des « notes » rectifient quelques-unes des erreurs qui y sont contenues. Plusieurs dessins et un fac-simile d'une charte de Charles V, dont les clichés ont été gracieusement mis à ma disposition par la Société historique et archéologique de la Corrèze, viennent augmenter l'intérêt de cette nouvelle édition.

Le travail des « quatre citoyens » est un document qui mérite d'être conservé, pour servir aux érudits qui voudront entreprendre l'histoire complète et plus étendue de notre chère cité de Brive.

M. R.

PRÉFACE DE L'AUTEUR

A L'ÉDITION DE 1810

———

La connaissance de l'histoire est aussi attrayante que facile à se procurer, avec un peu d'intelligence et d'application ; elle renferme de grands sujets d'instruction, quand on sait faire le choix des auteurs dignes de l'estime et de la confiance publiques. Plus on s'attache à la lecture de leurs ouvrages, même par honnête amusement, plus on se dégoûte de ces livres frivoles ou pernicieux, qui ont tant contribué à la dépravation des mœurs, et à tous les désordres dont la France vient d'éprouver les funestes conséquences.

La plupart des lecteurs superficiels, sans goût et sans méthode, voudraient ne trouver dans les histoires les plus estimées, que des faits merveilleux et extraordinaires qui exaltent l'imagination ; ils ne pensent pas que les minces détails, employés avec discernement, sont nécessaires pour caractériser les mœurs des peuples et l'esprit dominant de leur siècle. Le lecteur judicieux y puise une source féconde d'utiles réflexions.

En parcourant ainsi l'histoire des nations étrangères, on éprouve la satisfaction de se transporter, pour ainsi dire, au milieu d'elles ; de connaître leurs usages, la nature de leur climat, la suite des événements d'où dépendent leur infortune ou leur prospérité, etc.

Mais quand il s'agit de l'histoire de sa patrie, l'intérêt et le plaisir acquièrent un degré plus tendre et plus vif de sensibilité, qui nous y attache presque involontairement. Rien alors ne doit paraître minutieux ou indifférent, pour un citoyen susceptible des beaux sentiments qu'inspirent la nature et la bonne éducation. C'est un des premiers livres propres à mettre entre les mains des enfants, qui commencent à réfléchir, pour piquer leur curiosité. Les habitants de Brive et des environs, n'auront plus lieu de dire, qu'il n'existe point d'histoire particulière de leur pays.

C'est pour obvier à cet inconvénient, que feu M. l'abbé d'Espagnac, conseiller au parlement de Paris, entreprit l'histoire de Brive en 1754. N'ayant pas le temps de la terminer, il déposa une copie de son manuscrit dans les archives de l'hôtel-de-ville, où je l'ai remis.

M. Serre, avocat du roi au présidial de Brive, et son digne fils, maire de la ville, travaillèrent longtemps après sur le plan de M. d'Espagnac; mais leur décès prématuré laissa leurs mémoires imparfaits, et bornés au règne de Henri IV, assassiné en 1610.

Ayant conçu depuis longtemps le projet de rédiger un jour les annales de ma patrie, je n'ai cessé de recueillir, dans l'occasion, tout ce qui pouvait y avoir quelque rapport, et mes découvertes ont surpassé mon attente : c'est en les réunissant à celles de MM. d'Espagnac et Serre, que j'ai tâché de refondre et de compléter l'ouvrage dans un ordre clair, précis et méthodique.

Persuadé que Brive, l'une des plus anciennes cités des Gaules, perd infiniment à n'être pas assez connue, j'espère que les lecteurs seront agréablement surpris de voir qu'elle présente une chaîne d'évènements plus ou moins importants, qui se rattachent à l'histoire générale de la monarchie.

Comme il est impossible d'écrire l'histoire d'une ville sans y comprendre celle de ses environs, j'ai rapporté une multitude de faits qui les concernent. Il est d'ailleurs évident, que le tableau des administrations publiques, des guerres, des pestes, des famines, des objets de commerce et autres analogues, durant douze siècles, doit être à peu près le même dans toute la contrée, et forme conséquemment une partie de son histoire. Le texte des chapitres servira de table sommaire des principales matières contenues dans l'ouvrage.

M. d'Espagnac qui écrivait il y a soixante-dix ans, et M. Serre, à son exemple, ont employé près d'un quart de leurs mémoires pour tracer l'histoire des Visigoths du royaume de Toulouse, des anciens souverains de l'Aquitaine, de la servitude de la glèbe, des franc-alleux du bas Limousin, des fiefs seigneuriaux, et de tout ce qui a rapport à l'antique féodalité. Comme ces objets n'ont presque plus d'intérêt aujourd'hui, que pour quelques savants, qui les trouvent traités à fond dans d'autres livres, j'ai jugé à propos de n'en parler que succinctement dans les cas nécessaires, et d'y substituer les trois chapitres suivants, en forme d'introduction au présent ouvrage.

Afin d'éviter l'inconvénient de hérisser les pages d'indications d'auteurs, que très-peu de personnes ont les moyens ou l'envie de consulter, je me contenterai de les désigner ici une fois pour toutes. Quelques légères méprises qui pourraient m'échapper involontairement, seraient de trop peu d'importance pour mériter la censure des érudits.

J'observe donc que j'ai puisé les matériaux

de l'histoire de Brive dans les recueils de
M. l'abbé d'Espagnac et de M. Serre, dans
Grégoire, évêque de Tours, surnommé le père
de l'histoire de France ; dans l'histoire de Tulle
par le savant Baluze, dans celle de Turenne
par Justel, dans la chronique de Vigeois, dans
les excellents mémoires de M. le comte
Treilhard, pour la défense de Brive contre les
seigneurs de Noailles ; dans les annales du
Limousin par un carme, dans les volumineux
manuscrits de deux prêtres historiographes de
cette province, dont l'un, encore vivant, s'est
donné la peine de me communiquer les extraits,
sans vouloir être nommé ; dans les histoires
du Quercy, de Libourne, de Sarlat et de plusieurs auteurs qui parlent de Brive ou du Limousin, dans les archives de l'hôtel-de-ville ;
enfin dans la tradition des vieillards, et dans
ce que j'ai observé moi-même depuis plus de
cinquante ans.

On peut juger par cet aperçu, du travail
long et pénible qu'ont exigé la recherche, le
choix et la rédaction d'une telle abondance de
matériaux. Le désir de me rendre utile au
public, m'a fait surmonter toutes les difficultés. Une longue maladie et quelques autres
évènements imprévus, m'ont empêché de soi-
gner surtout le style comme je me l'étais pro-
posé ; mais le style ne décide point le mérite
d'une histoire, dont il n'est que l'ornement :

celle de Brive sera toujours curieuse et intéressante à beaucoup d'égards, par la nature et
la variété des matières qu'elle renferme.

Laissons aux modernes Zoïles la gloire et le
plaisir de faire briller leur savante critique.

*Verùm ubi plura nitent in carmine, non ego paucis
Offendar maculis.*

(Hor. *Art poét.*)

LEYMONERIE,
Ancien professeur et curé.

HISTOIRE

DE

BRIVE-LA-GAILLARDE

ET DE

SES ENVIRONS

CHAPITRE I

*État primitif de la Gaule celtique jusqu'à
la conquête de César.*

Avant de traiter directement de l'objet principal de leur ouvrage, les historiens ont coutume de remonter à l'origine des peuples dont ils se proposent de décrire les révolutions.

Ce préliminaire dispose les lecteurs à mieux saisir la liaison des évènements, des causes, des effets, qui remplissent le cadre de l'histoire particulière.

Les premiers habitants connus de la France moderne, se nommaient Celtes, et ensuite Gaulois. La Gaule celtique était, à peu près comme aujourd'hui, circonscrite entre les Alpes, les Pyrénées, le Rhin, l'Océan et la Méditerranée. Malgré la position avantageuse de cette contrée, sa population ne pouvait être proportionnée à son étendue, à cause des immenses forêts et des marais qui en occupaient une grande partie. Une ancienne tradition prétend que les premiers

Celtes se nourrissaient de glands et d'autres fruits agrestes. Leurs habillements amples et légers laissaient à découvert une partie du corps, soit pour ménager l'agilité des membres dans les courses et les combats, soit que les hivers fussent moins rigoureux que depuis la destruction des bois et les défrichements, selon la conjecture de beaucoup de météorologistes. L'usage des habits courts et serrés nous est venu des peuples du nord.

A en juger par d'énormes pierres brutes qui, dit-on, servaient d'autels, et par quelques autres monuments grossiers encore subsistants, les Celtes, belliqueux, ignoraient ou dédaignaient les sciences et les arts des nations antiques et civilisées ; leur langue dure et stérile, d'où dérive celle des Bas-Bretons, inintelligible aux étrangers, convenaient à leur vie demi-sauvage. En jetant un coup d'œil sur la Mappemonde, on voit que les mers, les fleuves et la température froide de l'Europe, ont dû favoriser les premières émigrations des peuples du centre de l'Asie, berceau du genre humain, vers les belles contrées de l'orient et du midi.

Ce qu'il y a de plus remarquable dans le gouvernement des Celtes, c'est que le collège des Druides y formait un corps puissant et en grande vénération. Les Druides étaient en même temps législateurs, magistrats, ministres de la religion, arbitres de la paix et de la guerre ; en sorte qu'on n'entreprenait rien d'important sans leur ordre ou leur conseil. Ils conservaient secrètement entre eux, à l'exemple des anciens prêtres idolâtres d'Égypte, la tradition des mystères et de la politique qu'ils voulaient dérober à la connaissance du peuple. Des chansons rustiques et des caractères hiéroglyphiques, gravés sur des pierres, perpétuaient le souvenir des évènements extraordinaires, qu'ils jugeaient utile de ne pas laisser ignorer.

Un reste de la société philantropique, sous le beau nom d'Académie celtique, s'efforce de découvrir les plus minces détails sur tout ce qui peut concerner l'histoire des premiers habitants de la Gaule. Le principal et cher objet de ces antiquaires, selon leurs expressions favorites, est de comparer le *druidisme* au *christianisme,* de faire dériver celui-ci du premier, digne à tous égards de la préférence du genre humain.

Quelques savants critiques, entr'autres le judicieux Malte-Brun, se sont déjà donné la peine de démontrer l'absurdité des systèmes de la prétendue académie, fondés sur des chimères et des jeux d'imagination destitués de fondement.

Ces messieurs, en effet, ne peuvent contester raisonnablement que leurs fameux druides entretenaient la nation celtique dans la superstition la plus vile et la plus atroce, en lui faisant prostituer ses adorations au cruel Saturne, à l'infâme Priape, à la pudique Cybèle, dont les prêtres étaient obligés de se mutiler publiquement....... en faisant offrir à ces monstrueux simulacres de divinité, les abominables sacrifices humains, dont ils brûlaient eux-mêmes les victimes vivantes. Ne voilà-t-il pas de quoi justifier l'enthousiasme affecté des philanthropes pour leur *druidisme,* et pour les avantages publics qui résultaient de l'administration des druides ?

C'est en vain qu'ils allèguent, que ces prêtres reconnaissaient le véritable Être suprême, créateur et conservateur de l'Univers, juge des vivants et des morts ; en ce cas, ils n'en seraient que plus coupables, avec leur puissance et leur ascendant, de ne pas publier hautement cette sublime doctrine, et de laisser croupir les peuples dans leur déplorable aveuglement.

Cependant, le désiré des nations, annoncé par les prophètes depuis quarante siècles, vient enfin de paraître, comme l'astre bienfaisant du jour, pour dissiper les ténèbres absurdes de l'idolâtrie ; la lumière céleste de l'évangile commence à pénétrer dans la Gaule. Son heureuse influence présage le triomphe de la vérité sur l'erreur et le mensonge, et l'adoucissement des mœurs féroces de nos premiers ancêtres.

Une religion nouvelle, qui met un frein à toutes les passions, et commande la pratique de toutes les vertus, doit trouver de grands obstacles dans la doctrine licencieuse du paganisme. Le sang précieux des martyrs devient souvent la semence féconde de fidèles chrétiens ; mais le zèle et les mérites éclatants des Martial de Limoges, des Martin de Tours, des Irénée de Lyon, des Hylaire de Poitiers et d'autres saints évêques de la Gaule, triomphent successivement de l'obstination des druides et de l'aveuglement de leurs dociles sectateurs. Les incrédules, qui n'admirent pas les avantages même temporels de la religion chrétienne, ne prouvent ni leur science ni leur bonne foi : ils n'ont pas voyagé dans les pays des infidèles. Si ce court épisode qui se présente ici, naturellement, n'est pas de leur goût, il pourra faire plaisir à d'autres lecteurs plus conséquents.

CHAPITRE II

—

De l'état de la Gaule depuis la conquête de César, jusqu'à l'invasion des Francs.

Les Gaulois, toujours actifs, robustes et belliqueux, firent souvent des excursions, surtout en Italie, et jusque dans la Grèce et l'Asie mineure. Ils s'emparèrent de Rome, 388 ans avant notre ère actuelle. Les Romains les redoutaient tellement, qu'ils combattaient, disaient-ils, les autres nations pour acquérir de la puissance et de la gloire, mais qu'à l'égard des Gaulois, ce n'était que pour leur propre sûreté.

Les Romains ainsi provoqués par les courses des Gaulois, et devenus maîtres de l'Italie, commencèrent à franchir les Alpes et à soumettre quelques provinces méridionales de la Gaule. Ces premiers succès, favorisant leur désir de vengeance et leur ambition, César résolut enfin d'entreprendre la conquête de toute la contrée : elle lui coûta dix années d'une guerre opiniâtre, entretenue par de sanglantes batailles et des sièges de villes très-meurtriers. La victoire fut parfois indécise, et César dut moins son triomphe à la supériorité de ses talents et à la discipline de ses armées, qu'au défaut de tactique des Gaulois, et à la mésintelligence qu'il réussit à fomenter entre leurs commandants. Il nous apprend dans ses fameux commentaires sur cette grande expédition, qu'il trouva la Gaule di-

visée en provinces, formant une confédération répu-
blicaine assez semblable à celle des cantons suisses de
nos jours. Chaque province avait sa cité capitale : telles
que Bourges, Limoges, Cahors, Toulouse, etc. Le
reste n'était que des bourgs ou des villages, avec quelques forteresses dans des positions avantageuses.
Chaque province, en cas de guerre, fournissait son
contingent en guerriers et en munitions nécessaires.
Le Limousin fournit d'abord dix mille hommes lors
de la coalition contre César, et dans la suite à proportion de ses moyens. Les Limousins furent au nombre
des plus braves soldats du général auvergnat Vercin-
getorix, et César les compte parmi les peuples dont
il estimait le plus la valeur. Rien n'indique que César
ou ses lieutenants aient conduit des armées en Limousin, quoiqu'il ait fait la guerre en Quercy et en Auvergne. De plus longs détails n'entrent point dans le
plan de cet ouvrage. J'ajoute uniquement un passage
de Cicéron, intéressant dans les circonstances présentes : « Nous avons beau nous flatter ; nous ne persua-
derons jamais à nous-mêmes, que nous l'emportions,
ni par le nombre sur les Espagnols, ni par la force du
corps sur les Gaulois, ni par les arts et les sciences sur
les Grecs. Mais l'endroit par lequel nous avons incon-
testablement surpassé tous les peuples : c'est la piété,
c'est la religion, c'est l'intime persuasion où nous avons
toujours été, qu'il y a des dieux qui gouvernent
l'Univers. » (*Cicero, De Aruspicis*, n° 19.)

Après la conquête de César, la Gaule fut divisée en
trois provinces gouvernées par un préfet résidant ordinairement à Trèves, pour être à portée de surveiller
les Germains toujours disposés à passer le Rhin. Chaque province comprenait plusieurs diocèses, qui avaient
un vicaire du préfet, et un président pour l'administration de la justice. Les appellations de ses jugements

étaient portées au vicaire et ensuite au préfet, qui dé-
cidait en dernier ressort.

Les Romains, selon leur adroite politique, ne man-
quèrent pas d'employer leurs moyens ordinaires pour
changer les mœurs des Gaulois, pour les distraire de
leurs peines et leur faire oublier leur ancien gouvernement. Ces moyens attrayants consistaient à leur
inspirer le goût des beaux arts et des amusements frivoles, par des spectacles publics en tout genre, par
les combats des gladiateurs et des bêtes féroces dans
de superbes amphitéâtres, par des routes solides, des
canaux de rivières, des édifices majestueux et autres
ouvrages de sculpture et d'architecture, dont on ad-
mire encore les débris dans plusieurs villes de France.
Leur commerce journalier avec les Gaulois, la rédaction des actes publics en latin et l'usage des églises,
rendirent bientôt cette belle langue commune ; mais
elle s'altéra insensiblement par le mélange des idio-
mes de divers peuples, d'où sont résultées les langues
modernes : française, espagnole et italienne, qui re-
connaissent le latin pour leur langue-mère.

Malgré la puissance et l'activité des Romains, la
Gaule ne fut pas toujours tranquille et heureuse sous
leur domination. Les exactions des gouverneurs, les
guerres entre les prétendants à l'empire, les incursions
de divers peuples, entretenaient le trouble et la désolation dans toutes les provinces. Je ne parlerai succinctement que des Visigoths.

Cette nation guerrière, venue de la Gothie, au nord
de la Suède, s'empara d'abord de l'Espagne, et en ban-
nit le gouvernement romain ; elle passa bientôt les
Pyrénées et conquit une partie de la Gaule méridionale. Le faible empereur Honorius, trop occupé dans
l'Orient, et hors d'état de leur résister, leur céda, l'an
418, le Toulousain, l'Agenois. le Bordelais, le Périgord,

la Saintonge, l'Angoumois et le Poitou. Henri, roi des Visigoths ou Goths occidentaux, ajouta à cette conquête, vers 472, le Vélai, le Gévaudan, l'Albigeois, le Rouergue, le Quercy et le Limousin. Ainsi se forma son royaume, dont Toulouse était la capitale. Il est aisé d'entrevoir combien les peuples eurent à souffrir de ces révolutions, et de celles que je vais indiquer sommairement dans le chapitre suivant.

CHAPITRE III

—

État de la Gaule sous le règne des rois Francs
de la première dynastie.

Les Romains, après avoir soumis une grande partie
de l'Europe, de l'Afrique et de l'Asie, ne purent soutenir le poids de leur grandeur.. Le luxe, le relâche-
ment de la discipline militaire, la dépravation des
mœurs, les horribles persécutions qui firent périr ou
émigrer tant de millions de chrétiens durant près de
trois siècles, annonçaient la décadence de l'empire.
Divers peuples du Nord et de l'Orient profitèrent de
ces désordres pour l'attaquer de toutes parts, et s'enrichir de ses dépouilles.

Tandis que les Vandales, les Suéves et autres peuples féroces dévastaient l'Italie, et pillaient Rome, l'an
402, Attila, roi des Huns, surnommé le fléau de Dieu,
entra dans les Gaules avec une armée de cinq cent mille
hommes. Aétius, général romain, joint à Mérové, roi
des Francs, et à Théodoric, roi d'Italie, lui livra bataille; où il perdit la moitié de ses troupes, l'an 428.
Furieux de cette défaite, Attila ravagea l'Italie en se
retirant dans son pays, en Pannonie (la Hongrie,)
chargé de butin.

Divers peuples germaniques, Saliens, Sicambres, etc.,
sous le nom général de Francs, passèrent le Rhin ; ils
commencèrent à s'établir dans le nord de la Gaule

Clovis, leur cinquième roi, s'empara du reste, après avoir vaincu Siagrius, dernier gouverneur romain. Les anciens habitants du royaume de Toulouse, ne pouvant supporter le joug des Visigoths par des motifs de politique humaine et de religion, appelèrent eux-mêmes le roi des Francs, et facilitèrent la chute de leurs oppresseurs.

Clovis, dit le Grand, eut ensuite à se défendre de quelques peuples de Germanie (d'Allemagne); il leur livra bataille près de Cologne, l'an 496. Voyant que ses troupes pliaient, il eut recours au Dieu de Clotilde, son épouse, princesse illustre par ses vertus et sa beauté, qu'il aimait et respectait sincèrement. Ses soldats, avertis de son vœu, revinrent à la charge et furent complètement vainqueurs. Clovis, fidèle à sa promesse, se fit chrétien avec une grande partie de son armée. Saint Remi, évêque de Reims, en le baptisant lui cria : *Baisse donc la tête fier Sicambre!* C'est le seul mot qui ait fait connaître la véritable nation d'origine de ce prince. Il vainquit ensuite le roi de Bourgogne. et tua de sa propre main Alaric, roi de Toulouse, à la terrible bataille de Vouillé, près Poitiers, en 507. La race des Visigoths établis en France, y périt presque entièrement, et ceux d'Espagne n'osèrent plus reparaître. Ce fut durant le règne de Clovis qu'un ermite, aux risques de sa vie, apporta de la Chine les premiers vers. à soie connus en France. Ce prince mourut l'an 511, et ses quatre enfants partagèrent entre eux ses Etats.

Après une suite de guerres cruelles et de morts violentes des princes, Clotaire se trouva seul maître de la France. Il finit ses jours en 562, et son royaume fut une seconde fois divisé entre ses quatre fils, selon l'usage impolitique de ces temps d'ignorance. Chilpéric, l'un d'eux, que Grégoire de Tours nomme le Néron de son siècle, eut en partage le Limousin. Il faisait payer l'impôt d'une certaine mesure de vin par arpent de vigne, et une somme d'argent pour chaque tête. Un grand nombre de ses sujets réduits au désespoir désertèrent ses États. Marc, son référendaire, faillit être tué en Limousin, et ses rôles furent brûlés. On imagine bien que les auteurs de la sédition ne restèrent pas impunis; les guerres sanglantes, provoquées par l'ambition et la cruelle rivalité des trop fameuses Frédégonde, épouse de Chilpéric, et Brunchaut, épouse du roi Sigebert, mirent le comble à la désolation de la France : leur histoire fait frémir d'horreur.

Dans ces temps de trouble et de calamité parut Gondebaud, fils naturel du roi Clotaire, dont nous parlerons en détail dans le chapitre quatrième. Les derniers successeurs du grand Clovis, nommés les rois fainéants, laissèrent prendre par indolence une si grande autorité aux maires intendants de leur palais, qu'il ne leur restait que le nom et les honneurs de la royauté. Livrés à leurs plaisirs et à des amusements frivoles, dans l'ignorance et la mollesse, ils ne s'occupaient de rien moins que des affaires du gouvernement de leur royaume.

Les ducs ou gouverneurs des provinces profitaient de ce désordre, pour se rendre presque indépendants de la couronne. Charles-Martel, ainsi nommé à cause de sa force et de ses exploits dans les combats, et maire du palais de Childéric II, acheva de s'emparer de l'autorité royale, sans en prendre le titre, et prépara les voies à son fils Pepin, pour l'élever sur le trône de France. Childéric III, prince pusillanime et tout-à-fait inepte à gouverner, fut rasé et enfermé au monastère de Saint-Bertin de Soissons... Sous le nouveau règne de Pepin, au concile de Leptine, près de Cambrai, en 743, les prélats et les seigneurs arrêtèrent qu'on daterait à l'avenir de l'année de l'incarnation de Jésus-Christ, selon le comput de Denis-le-Petit, au lieu qu'on datait auparavant de l'an du règne des rois, ou de la mort du grand saint Martin de Tours.

Je termine ici cette introduction préliminaire, trop longue peut-être pour les lecteurs instruits et trop courte pour d'autres : elle nous a conduits, ce me semble à propos, à l'époque où l'histoire de Brive commence à se développer.

CHAPITRE IV

Histoire de la ville de Brive et des environs
jusqu'à l'établissement des communes. —
Bataille dans la plaine de Brive. — Irruption des Normands.

L'origine de Brive, comme celle des plus anciennes
cités, s'est perdue dans la nuit des temps ; mais tout
annonce son antiquité. Son nom même, *Briva* ou *Pont*,
en langue celtique, en est une preuve sensible. S'il est
vrai encore que la dénomination de peuple celtique est
antérieure à celle de Gaulois qui l'a remplacée, de
même que celle de France a succédé à celle de Gaule,
il s'ensuit que la ville de Brive existait longtemps avant
la nation proprement dite des Gaulois. Le temple de
Saturne ou de Priape, qui occasionna le martyre de
saint Martin au quatrième siècle, devait être fort ancien, et suppose un lieu déjà considérable dans la
contrée.

Le pont sur la Corrèze, dont les ruines subsistent
près de la ville, était d'une si grande importance dans
ces temps reculés, qu'il facilita son établissement, et
lui fit donner le nom de *Briva-Currelia*, pont sur la
Corrèze. Son heureuse position sur une petite éminence
entourée de ruisseaux, au centre d'une plaine agréable,
dut y attirer les premiers habitants de la contrée. La
route de communication du nord et du midi de la

France en cette partie, passait naturellement à Brive.
puisque même de nos jours. la chaîne des montagnes
rend tout autre passage très-difficile. Brive n'était sans
doute qu'un bourg ou un hameau dans le principe. de
même que ce qu'on appelle aujourd'hui la cité dans les
plus grandes villes, n'est que le noyau de leur enceinte
moderne: celle de Brive est depuis longtemps considérable.

L'usage vulgaire et les historiens ont substitué depuis
longtemps le surnom de Brive-la-Gaillarde à celui de
Brive-sur-Corrèze. Le roi Jean, en 1350, et Charles VI
en 1374, dans leurs lettres-patentes adressées à la commune de cette ville, la nomment *Villa dicta la Gail-
larda*. Ses consuls, dans leur harangue à Louis XI.
lors de son passage en 1463, disent : *Sire! les consuls
et habitants de votre bonne ville de Brive-la-Gaillarde*, etc.

Le mot *Gaillard* dans l'ancien langage, du temps
d'Amyot et de Michel-Montaigne, désignait un caractère vif. enjoué, amateur des plaisirs et même un peu
galant. Je laisse volontiers aux observateurs étrangers.
à juger si cette épithète a des rapports avec les mœurs
et le caractère général des aimables Brivistes.

Il est plus vraisemblable, ainsi que le pensent plusieurs écrivains, que le surnom de Brive-la-Gaillarde
lui fut donné à cause de la beauté de sa situation, qui
contraste agréablement avec l'aspect de ses alentours.
et que les voyageurs admirent surtout dans la belle
saison. Quoi qu'il en soit. le nom de Gaillarde est utile
pour distinguer Brive de plusieurs autres villes ou
bourgs, dits Brives. qui n'en diffèrent que par leur S
finale.

Le premier écrivain qui parle de Brive, est Grégoire.
évêque de Tours au vi^e siècle, surnommé le père de
l'histoire de France. Voici ses propres paroles, tradui-

tes en français pour la commodité des lecteurs qui n'entendent pas le latin :

« La mort du roi Chilpéric (en 594) parvient à la connaissance de Didier, et il se hâte d'aller joindre Mummol avec lequel il avait un traité d'alliance. Gondebaud, réuni avec ces deux chefs, se rend en Limousin, et à Brive-sur-Corrèze où repose saint Martin, disciple, dit-on, de notre saint de ce nom. Gondebaud s'y fait couronner roi.... En ce temps-là, la basilique du dit saint Martin à Brive fut incendiée par un parti ennemi, en sorte que les colonnes même de divers marbres qui l'ornaient, furent calcinées par la violence du feu. Mais dans la suite, saint Ferréol (évêque de Limoges au vi[e] siècle), fit réparer la basilique, de manière qu'il sembla qu'elle n'avait rien souffert. »

Les historiens postérieurs, en copiant le récit de Grégoire, y ont ajouté des circonstances et des détails dont je vais donner le précis. Ce Gondebaud, que des écrivains mal instruits ont traité d'aventurier et d'usurpateur, parce que la fortune l'abandonna, eût été probablement un grand prince, s'il avait été aussi heureux que Charles-Martel et Pepin, qui avaient bien moins de droits que lui à la couronne. Je présume que le lecteur sera bien aise de trouver ici, en forme d'épisode, un excellent abrégé de l'histoire curieuse à tous égards et peu connue de cet illustre personnage.

« Gondebaud, fils naturel du roi Clotaire Ier, et que son père ne voulut pas reconnaître, quoiqu'il passât pour constant qu'il l'avait eu d'une boulangère, se fit proclamer roi à Brive-la-Gaillarde... Sa mère, voulant mettre à profit pour elle-même l'éclat qu'il pourrait retirer un jour de son origine paternelle, l'éleva dans des sentiments conformes au rôle qu'elle lui destinait ; et entre autres marques de distinction, elle lui conserva la longue chevelure que, dans ces temps bar-

bares, les princes du sang royal avaient seuls le droit
de porter. Lorsqu'il eut atteint l'âge de raison, elle le
présenta à Clotaire; mais soit que la présence de cet
enfant lui rappelât un attachement dont il rougissait,
ou soit que mauvais père pour ses enfants légitimes,
ses entrailles ne parlassent pas davantage en faveur
du fruit de ses amours illégitimes, il défendit sa présence à la mère et à l'enfant.

» Childebert, roi de Paris et frère de Clotaire, n'avait
point d'héritier, et jaloux d'inspirer de l'inquiétude à
un frère qu'il n'aimait pas, il appela près de lui le
jeune Gondebaud, le reconnut solennellement pour
son neveu, et le désigna pour son successeur. Clotaire,
indigné de cette conduite, fit enlever le jeune homme,
et quand il l'eut en sa possession, il lui fit raser les
cheveux et l'enferma dans un monastère. Heureux,
qu'accoutumé à se défaire de ses enfants par le feu et
le poison, il n'étendît pas sa fureur sur la vie de cet
infortuné.

» Peu de temps après, la mort surprit Clotaire. Charibert, l'un de ses fils, lui succéda et n'hérita point de
sa haine contre Gondebaud ; il le tira de sa prison, le
reconnut pour frère, lui permit de laisser revenir ses
cheveux, et lui donna une considération convenable à
sa nouvelle fortune. Ce changement de sort lui attira
un nouvel ennemi : ce fut Sigebert, roi d'Austrasie et
frère de Charibert, qui, sous les apparences d'une amitié
feinte, l'attira à Metz, le fit raser et l'exila à Cologne.

» Gondebaud, fatigué de ces revers, résolut d'aller
chercher le bonheur loin de sa patrie. S'étant évadé de
Cologne, il traversa l'Italie, s'embarqua et se rendit à
Constantinople, et s'y fixa auprès de l'empereur Tibère,
dont il reçut un accueil obligeant.

» Sur ces entrefaites, un ambitieux de la cour d'Austrasie, nommé Gontran Boson, intriguant, mais trop

lâche pour se mettre à la tête d'une révolution qu'il désirait pour s'élever, se rendit à Constantinople, persuada à Gondebaud que la famille régnante était près de s'éteindre, et que tous les seigneurs d'Austrasie l'attendaient pour le proclamer roi. Gondebaud se laissa éblouir par ces apparentes assurances de fidélité. L'empereur Tibère lui fournit quelque argent pour son voyage et pour l'aider à lever quelques troupes. Il ne fut pas arrivé en France que le traître Boson l'abandonna.

» Cependant, les grâces, l'amabilité et le courage de Gondebaud lui firent de nombreux partisans, et malgré la défection de Boson, il se vit bientôt à la tête de forces considérables. S'étant emparé de la Marche, du Limousin et du Quercy, d'autant plus facilement que le roi Chilpéric venait d'être assassiné à Chelles, le vainqueur marcha à Brive qu'il avait choisie pour la cérémonie de son couronnement. Elle s'y fit en 484, suivant le cérémonial des rois de la première race : on l'éleva sur un pavois, suivi de ses troupes et en présence du peuple.

» Pendant cette espèce de marche triomphale, un faux mouvement de ceux qui le portaient lui fit perdre l'équilibre et il tomba. Dans ces jours d'ignorance et de superstition, il n'en fallut pas davantage pour que cet accident naturel passât pour un mauvais augure. Le zèle de ses partisans s'en refroidit, le courage de ses soldats en fut ébranlé; et bientôt, abandonné de la plupart de ceux qui venaient de lui prêter serment de fidélité, il fut obligé de sortir de Brive où il n'était plus en sûreté, et de se retirer à Comminges. Le traître Boson vint l'y assiéger, et n'ayant pas assez de forces pour lui résister, il lui fit demander une entrevue ; sa perte était jurée ; on la lui accorda dans l'intention de l'assassiner. En effet, un comte de Berry, nommé

Ollon, l'ayant terrassé, voulut achever de le tuer, en lui portant un coup de lance. Gondebaud, dont l'armure para le coup, se releva, et, ayant à son tour renversé Ollon, essaya de regagner Comminges; mais Boson l'atteignit d'un coup de fronde, et la pierre lui écrasa la tête. Ainsi périt ce malheureux que quelques vertus rendaient digne d'un meilleur sort, et qui n'avait commis d'autre crime que d'être fils, frère, neveu et ami de rois barbares et dénaturés, et d'hommes sans honneur et sans foi. » 'Lavallée. *Histoire des départements.*)

Revenons à l'histoire de Brive.

L'irruption des ennemis qui, selon Grégoire de Tours. incendièrent la basilique de Saint-Martin, étaient sans doute les troupes du cruel Boson qui poursuivit Gondebaud jusqu'à Comminges. On sent bien que ses soldats ne se bornèrent pas à l'incendie d'une église, et qu'ils pillèrent la ville sous prétexte de châtier les habitants, pour avoir prêté serment de fidélité au roi Gondebaud.

La réédification de la basilique de Saint-Martin et la dévotion envers ce martyr, donnaient du lustre à la petite ville de Brive, et y attiraient beaucoup de fidèles des pays voisins. On trouve dans la vie de Salmatius, évêque de Rhodés, qu'il vint à Brive, vers l'an 548, et qu'il fit ses prières et ses offrandes au tombeau de saint Martin. Quelques années après, saint Aoust, ayant été miraculeusement guéri d'une paralysie par l'intercession du saint patron de Brive, y fonda en reconnaissance un monastère, près des murs de la ville. Etant appelé à Bourges pour en diriger un autre, sous le nom de Saint-Symphorien, il établit dans le premier un prévôt pour le représenter, mais il ne laissa pas d'y faire de temps en temps des visites pour surveiller l'administration. Ce monastère fut détruit par les Normands, comme nous verrons en son lieu.

Louis XIII étant à Brive (voyez chapitre xxv), visita dévotement les reliques de saint Martin et autres, conservées dans le trésor de l'église collégiale. Il lui fit de riches présents que les chanoines employèrent en partie, pour mettre en argent la châsse de la coupe de la cène. On y voyait les armes de France avec cette inscription : « *Hanc thecam non solùm religissimo cultu, sed et munificentiá regiá prosecutus est.* Fait le 1ᵉʳ mai 1634. »

Pendant que les Brivistes travaillaient à réparer les désastres inévitables, causés par le séjour de l'armée de Gondebaud et de celle du perfide Boson qui le poursuivit, de nouveaux malheurs allaient fondre sur toute la contrée. Le duché d'Aquitaine, beaucoup plus étendu que la Guienne moderne qui lui a changé son nom, eut, dans les premiers siècles de notre ère, grand nombre de maîtres puissants qui s'efforçaient de se rendre indépendants de nos rois, et leur firent souvent la guerre. Vaiffre, le dernier duc dont il suffit de faire mention dans cette histoire, avait donné de graves sujets de mécontentement à Pepin. Ce monarque irrité, et jaloux de faire craindre sa nouvelle puissance, résolut de se venger de la mauvaise conduite de Vaiffre à son égard, lui livra plusieurs batailles, vers 752, où il fut toujours vainqueur. Le duc ayant offert des propositions de paix, et manqué ensuite à sa parole, Pepin se rendit maître de toute l'Aquitaine, portant partout le fer et le feu, n'épargnant pas plus les églises et les monastères que les lieux profanes. Il se transporta peu de temps après dans le Limousin, qui avait pris parti pour Vaiffre. Ayant reçu la soumission de Limoges, il descendit dans le Bas-Limousin. Passant à Brive, où il ne trouva pas de résistance, il emporta de

force les châteaux voisins de Turenne et d'Yssandon.
Il poussa son impolitique cruauté jusqu'à faire arracher toutes les vignes du pays. Le vin en était d'autant
plus estimé, que la Champagne et la Bourgogne étaient
encore couvertes de landes incultes et d'immenses
forêts.

On attribue communément à l'empereur Probus,
assassiné par ses soldats en 252, l'honneur d'avoir
permis aux Gaulois de planter la vigne. Il paraît cependant qu'elle y était cultivée et indigène longtemps
auparavant, puisque César, dans ses commentaires,
vante le vin de Calamane, proche Cahors. L'empereur
Dioclétien, sur la fin du troisième siècle, avait donné à
Pepin l'exemple funeste de faire détruire les vignobles
de la Gaule, soit pour favoriser le prix des vins d'Italie, soit qu'il craignît, comme Mahomet, l'effet de cette
boisson sur la tête des redoutables Gaulois.

Le savant Baluze rapporte (page 885), « que sous le
règne de Pepin, Vaiffre, duc d'Aquitaine, fit révolter
le Limousin et surtout Limoges. Pepin irrité assemble
une grande armée, prend et détruit de fond en comble
cette ville. Pour remédier à ce désastre, Pepin chercha
un lieu propre à bâtir une ville; il se fixa à Uzerche,
qu'il entoura de murs et de dix-huit tours, y établit un
siége royal et un épiscopat. La ville était si bien fortifiée
sur une montagne escarpée, que les Huns l'assiégèrent
en vain durant sept ans. Après la mort de Pepin,
en 768, la ville de Limoges fut rebâtie et l'évêque y
revint. » La fondation de l'abbaye d'Uzerche, sécularisée dans la suite, date de cette époque. Uzerche en
langage gaulois signifie *terre du prince*.

C'est à peu près durant le même siècle que commencèrent à éclater les guerres et les débats permanents de
Malemort et de Turenne contre Brive, dont le détail
formerait un volume. Brive, satisfaite de son heureuse

position et de la petite banlieue qu'elle possédait en
franc-alleu, sous la mouvance des rois, et sans être
assujettie à aucun souverain inférieur, ne devait avoir
ni l'envie, ni les moyens d'usurper le territoire de ses
voisins : elle avait assez de peine à se défendre des
entreprises continuelles de leur ambition. Le courage,
la patience, les efforts héroïques qu'elle manifesta pendant si longtemps pour maintenir son indépendance,
prouvent l'injustice de ses puissants adversaires. La
terre des barons de Malemort, dont le château n'était
qu'à une petite demi-lieue de Brive, comprenait
quatorze vastes paroisses, sans compter celles de leurs
confédérés. La vicomté de Turenne était formée de
plusieurs petites villes et bourgs, sur une étendue de
six à sept lieues de long, et un peu moins de largeur (1).
Ce premier aperçu rend moins surprenante une partie
de l'histoire de Brive.

Les grands du royaume, profitant de la faiblesse des
monarques, qui n'avaient presque plus d'autorité directe que dans les propres domaines de la couronne,
se rendaient les véritables souverains dans leurs comtés
et baronnies.

» Chaque seigneur, dit un de nos historiens, uniquement occupé du soin de s'agrandir et de se défendre,
comptait pour rien les intérêts de l'État opposés à son
intérêt personnel. » Comme les possessions des barons
de Malemort et des vicomtes de Turenne s'étendaient
fort près des remparts de Brive, ils y cherchèrent des

------

(1) Le territoire de la vicomté de Turenne était beaucoup plus
étendu que ne l'indique Leymonerie. D'après la carte publiée
par Justel, en 1645, les frontières de cette vicomté comprenaient :
à l'est, Neuvic-d'Ussel ; à l'ouest, Sarlat et Montignac ; au nord,
Donzenac ; au sud, les environs de Saint-Céré.

(Note de l'Éditeur.)

prétextes pour se dire les uniques seigneurs, d'abord
de la nouvelle enceinte de la ville, et ensuite de toute
la ville même. L'opposition constante et en partie victorieuse des habitants prouva l'insuffisance de ces in-
justes prétentions. Il n'est pas vraisemblable, en effet,
qu'une petite commune ait pu et osé tenter de se sous-
traire à la domination d'aussi puissants seigneurs, si
elle n'avait eu des titres certains de son antique indépendance. Plusieurs villes de France ont été dans une
pareille nécessité de soutenir leurs priviléges et leurs
immunités constitutives, contre ceux qui voulaient les
en dépouiller au préjudice des droits de la couronne.

L'accroissement de la ville de Brive, et l'importance
que lui acquirent l'établissement des tribunaux, du
consulat et autres distinctions accordées par nos rois,
redoublèrent la jalousie des seigneurs de Turenne et
de Malemort, et leur firent essayer de plus en plus de
réduire les Brivistes à se reconnaître pour leurs hum-
bles vassaux. Les plaintes, les menaces, les négociations n'ayant pu terminer les débats, on en vint enfin
aux actes d'hostilité réciproque, également désastreux
pour les deux partis, et pour tout le Bas-Limousin, comme
on le verra dans la suite. Eudes, souverain de l'Aquitaine, divisa le Limousin en trois vicomtés : de Limoges, de la Marche et du Bas-Limousin. Ces vicomtes
réunissaient l'autorité civile et militaire et avaient des
vicaires subordonnés. Le premier vicomte du Bas-
Limousin, Aymar Descals, rendit en 898 un jugement
à Brive pour la propriété d'un alleu, nommé Verlhac.
Le second vicomte fut Bernard de Turenne, etc.

L'empereur Louis-le-Débonnaire, pour se venger du
roi d'Aquitaine, son vassal, vint avec une armée dans
le Bas-Limousin en 829, assiégea et prit le château de
Turenne, ravagea le pays à peu près comme Pepin,
quatre-vingts ans auparavant, et fit reconnaître Charles.

VUE DE TURENNE

(Dessin de M. le baron Marc de Maynard, extrait, avec son autorisation,
de sa *Notice sur les ruines du Château de Turenne*, publiée dans le
premier volume du Bulletin de la Société scientifique, historique
et archéologique de la Corrèze (siège à Brive), p. 209 et suiv.).

roi d'Aquitaine. Ce royaume fut enfin réuni définitivement à celui de France.

Raoul, ou Rodolphe, duc de Bourgogne, vint avec son armée en Limousin, à la poursuite des brigands qui ravageaient le pays; il les atteignit à Destresses, paroisse d'Astaillac (arrondissement de Brive), et en fit un si grand carnage, vers l'an 923, que le reste n'osa plus reparaître.

Les Normands, sortis du Danemark et du nord de l'Allemagne, commencèrent à faire des courses, surtout en France, vers la fin du huitième siècle. Ils entraient avec de nombreuses flottes chargées de soldats féroces et aguerris, par l'embouchure de la Somme, de la Seine et de la Loire, pillant les villes qu'ils pouvaient prendre et les campagnes, détruisant les monastères, n'épargnant souvent que les jeunes gens qu'ils emmenaient pour esclaves. Charlemagne disait : « *Si j'ai eu peine à les contenir avec mes vassaux, mes armées et toute ma puissance, comment mes successeurs pourront-ils leur résister?* » L'évènement ne justifia que trop sa prévoyance. Ces barbares pénétrèrent jusqu'en Limousin, en 848; un parti qui venait de détruire le monastère de Tulle, n'ayant pu s'emparer de la ville de Brive, brûla les faubourgs et le monastère de Saint-Aoust, situé près la porte actuelle de Corrèze. Les Normands se dirigèrent ensuite vers Bordeaux qu'ils saccagèrent, et revinrent dévaster le Périgord, etc. Lors de cette fatale expédition, les Limougeaux épouvantés transportèrent les reliques de leur apôtre saint Martial dans le château-fort de Turenne, sous la garde du vicomte. Elles y avaient été déposées une première fois en 842, et rapportées à Limoges peu d'années après. Les peuples ignorants et superstitieux de ces siècles s'empressaient, pour ainsi dire, moins de se défendre contre les Normands, que de mettre les dépouilles de leurs saints dans les places fortes ou éloignées, au lieu de les cacher décemment dans des souterrains. La ville de Limoges en possédait beaucoup en grande vénération. Il est bon d'observer qu'entre autres déplacements de leurs reliques, on transporta celles de sainte Madégolde au couvent de Vigeois, celles des saints Innocents à Allassac, des saints Anastase et Marcel à Favars, de saint Sigolène à Collonges, de saint Xantin, évêque de Meaux, à Malemort; de saint Claude, évêque de Coutances, à..., des saints Vifard et Maulard, à Tulle, etc. Tous ces lieux sont voisins de Brive.

Les Normands, et les Sarrasins, autre peuple dévastateur venu de l'Orient, profitaient de la faiblesse et de l'aveugle politique des princes français pour se répandre impunément dans tout le royaume, et s'y charger des plus riches dépouilles. Les premiers se retiraient chaque année dans leur pays, et revenaient la suivante sur leur flotte recommencer leurs brigandages. Les quatre enfants de Louis-le-Débonnaire s'étaient partagé son empire, et ne tardèrent pas à se faire entre eux la guerre la plus cruelle. Au lieu de réunir leurs troupes pour exterminer les barbares qui désolaient leurs Etats, ils se livrèrent bataille à Fontenai en Bourgogne, le 24 juin 841, où il périt, dit-on, en un jour cent mille Français ; ce qui épuisa la France de militaires. Les grands, dans leurs provinces, se combattaient également souvent pour les motifs les plus légers, et y entretenaient une espèce d'anarchie dont les vassaux devenaient la victime. Tels étaient les barons de Malemort, les vicomtes de Turenne, de Comborn, de Ventadour et autres, que je me borne à indiquer, et dont les troupes vexaient inévitablement le territoire de Brive, et par conséquent la ville même. Une partie du peuple réduit à la misère et au désespoir, abandonnait son domicile, dit un auteur contemporain, pour se cacher dans les antres des rochers et dans les forêts, où il vivait de racines, de plantes et de fruits agrestes. J'omets d'autres détails des désordres de ces malheureux siècles, pour en venir à un évènement majeur, qu'on ne doit point oublier dans cette histoire.

La France, si redoutable dans d'autres temps, était devenue la proie des premiers brigands qui s'y montraient en force. Les Basques, Brabançons, Navarrais, ainsi nommés parce qu'ils venaient de la Navarre et du Brabant, étaient partagés en différentes troupes qui se louaient à ceux qui voulaient les stipendier, ou bien ils ravageaient les provinces pour leur propre compte. Ce terrible fléau, suite des guerres civiles générales en France, désola ce royaume pendant le douzième siècle. L'auteur de l'histoire de l'abbaye d'Obazine dit qu'ils pillaient les églises, brisaient les vases sacrés, et enchaînaient les ecclésiastiques, jusqu'à ce qu'à force de mauvais traitements, ils les eussent obligés à donner une rançon.

Les excès qu'ils commirent pendant les années 1174 et les trois suivantes, tirèrent les seigneurs et les peuples du Limousin de leur stupide indolence; Isemberg, abbé de Saint-Martial de Limoges, fut le promoteur d'un armement contre ces brigands. Il apprit qu'une de leurs bandes avait saccagé le territoire d'Yssandon, qu'elle se proposait de passer par Brive et Malemort pour aller assiéger Tulle, qui commençait à devenir une ville, mais encore peu fortifiée et dans une mauvaise position. L'abbé profita de la solennité de la fête des Rameaux pour exhorter le peuple à prendre les armes, ce qui produisit son effet. Géraud, évêque de Limoges, que les troubles engageaient à faire sa résidence à l'abbaye de Grammond, céda aux instances de cette petite armée pour se charger de la commander. On marche du côté de Brive; les habitants se joignent aux seigneurs du voisinage qui viennent avec leurs vassaux au secours du pays. L'armée campe dans la plaine entre Brive et Malemort, le 20 avril 1178 ; les Brabançons paraissent. L'évêque range son armée en bataille, et s'en réserve le centre : il donne à Aymard, vicomte de Limoges, le commandement de l'aile droite ; à Archambaud, vicomte de Comborn, celui de la gauche ; Eschival de Chabanes, formant l'arrière-garde. L'armée, dans cet ordre, attaque l'ennemi à six heures du matin. La mêlée dura cinq heures. Les brigands, peu exercés à une bataille rangée, furent complètement défaits ; il en resta 2,000 sur la place, non compris les blessés qui purent échapper. On ne fit point de prisonniers, parce que ces scélérats avaient égorgé la veille 135 habitants de Malemort, et incendié le bourg. Cet échec semblait devoir éloigner pour quelque temps les Brabançons de notre province ; mais d'autres de leurs troupes y furent rappelées l'année suivante, à l'occasion des démêlés de Henri II, roi d'Angleterre, avec son fils ; ce que je vais exposer sommairement dans le chapitre suivant.

CHAPITRE V

—

*De la guerre des Anglais en Aquitaine et
en Limousin. — Siége de Brive par les
seigneurs de Turenne. — Notice sur les
Croisades.*

Eléonor, fille et héritière de Guillaume, duc d'Aquitaine, avait épousé en 1137, Louis VII, dit *le Jeune*,
roi de France. Louis, jaloux et mécontent de sa conduite, la répudia quatorze ans après, malgré le conseil
de plusieurs grands du royaume. Cette démarche, aussi
imprudente qu'impolitique, donna lieu à tous les malheurs qui mirent plusieurs fois, durant deux siècles,
la France à deux doigts de sa perte.

Eléonor se remaria avec Henri, comte d'Anjou et de
Normandie, devenu ensuite roi d'Angleterre, et lui
porta en dot l'Aquitaine ou Guyenne et le Poitou, que
Louis lui avait rendus. Par ce moyen, Henri se vit
maître de la partie occidentale de la France. Avant
d'être roi d'Angleterre, il se brouilla avec son père, qui
ne lui donnait aucune part au gouvernement, tandis
que ses frères Richard et Geoffroi administraient, l'un
la Guyenne et l'autre la Bretagne. Outré de colère, il
passa en Guyenne, où le duc Richard était en guerre
avec les grands du pays, à cause de ses vexations; il
se joignit à eux, et se signala avec le comte d'Angoulême, les vicomtes de Limoges et de Turenne, ennemis
déclarés de son frère.

Le roi d'Angleterre se rendit en France, pour tâcher de mettre la paix entre ses enfants et veiller à ses propres intérêts. Il s'approcha de Limoges, où il fut mal reçu : les habitants donnèrent sur ses troupes, et prêtèrent serment de fidélité au jeune Henri, ouvertement révolté contre son père. Philippe-Auguste, roi de France, se déclara en sa faveur, par politique, et lui envoya un corps d'aventuriers, nommés *Paillards*, qui faisaient partie de ces brigands, qui. sous différents noms, désolaient le royaume. Les vicomtes de Limoges et de Turenne engagèrent d'autres bandes au service de Henri fils. Afin d'être en état de payer la solde de ces troupes, il pilla les églises du Limousin. Le roi d'Angleterre, pour se venger du vicomte de Turenne, s'empara du château de ce nom; et afin de se défendre de son fils, il implora le secours des princes et des seigneurs, qui vinrent le joindre en Limousin... Assisté du duc de Bourgogne, il se rendit à Uzerche, à la rencontre du comte de Toulouse. qui y arriva le 26 mai 1183. Le jeune Henri, malade, ne laissa pas que d'aller par Donzenac, Brive et Martel, faire un pélerinage à Notre-Dame de Rocamadour en Quercy. Sa maladie devint si grave à son retour qu'il mourut à Martel, après avoir reçu les sacrements administrés par l'évêque de Cahors, assisté par celui d'Agen, par l'abbé de Dalon et autres. Malgré sa rébellion, Henri témoigna de grands sentiments de piété en présence du duc de Bourgogne et du comte de Toulouse.

Pendant cette guerre entre les deux Henri, le fils détacha de son armée Raymond, vicomte de Turenne, avec un corps de Brabançons, pour se saisir de Brive ; il y arriva le 10 mars 1184, et tint la ville en échec pendant huit jours. La ville, bien fortifiée et soutenue par le courage des habitants, l'obligea à lever honteusement le siége et à se retirer. Brive ne perdit en cette occasion qu'un seul bourgeois nommé Delga.

Une longue sécheresse, en ce temps-là, fit périr les fruits de la terre, et occasionna une cruelle famine.

Ce serait ici le lieu, si je n'avais voulu réduire cet ouvrage à un seul volume, de donner un précis des croisades des douzième et treizième siècles. Ce terrible évènement, qui fit changer de face à l'Europe et entraîna dans l'Orient des armées innombrables, où elles périrent en grande partie, étendit son influence sur le Limousin et en particulier sur Brive, pour les hommes et les taxations qu'elle fournit, et dont ses archives font mention en peu de mots. Je me contenterai d'observer, d'après un judicieux écrivain, que « les Croisades dont on respecte le motif, et dont on ne peut trop déplorer l'abus, servirent à rétablir l'autorité des rois. La noblesse, pour avoir de quoi entreprendre de si longs voyages, leur vendit beaucoup de terres réunies de suite à la couronne. » Les Croisades déchargèrent surtout la France de cette multitude de brigands qui la désolaient, de ces nobles châtelains qui ne s'occupaient qu'à guerroyer entre eux et à ruiner leurs vassaux. Les Croisades préparèrent de loin la renaissance des lettres et des beaux-arts perdus en Europe ; elles firent établir ces ordres militaires-religieux des Templiers et de Saint-Jean de Jérusalem, connus depuis sous le nom de chevaliers de Rhodes et de Malte, pour la défense des chrétiens contre les pirateries continuelles des Turcs et des barbares Africains. Les Croisades, enfin, arrêtèrent les progrès d'invasion des Musulmans ; en sorte qu'il est vrai de dire que, sans elles, la France et l'Europe occidentale gémiraient probablement aujourd'hui sous le despotisme barbare des Turcs, comme la Grèce, l'Asie mineure et la côte d'Afrique. Ce seul service, à jamais inappréciable, devrait en imposer aux détracteurs, qui ne parlent que des désordres des Croisades, et affectent de dissimuler leurs heureuses conséquences. (1)

------

(1) M. Baluze, zélé patriote, rapporte avec complaisance, peu après cette époque, l'anecdote suivante, extraite du cartulaire de l'archevêché de Bourges :

Philippe, archevêque de Bourges, faisant sa visite canonique en qualité de métropolitain, arriva à Brive en l'an 1251. Le supérieur du monastère de Tulle lui porta plainte contre huit à dix bourgeois de Brive, qui avaient extorqué, disait-il, de son couvent plusieurs sommes usuraires ; le prélat condamne lesdits bourgeois à restituer ces usures, sous peine de censures ecclésiastiques.....

Mais comme les bourgeois ni les religieux ne peuvent bien prouver leur allégation..., les premiers, après les débats, pour le bien de la paix ou par remords de conscience, consentent à restituer dix mille sous marchois, (de treize sous tournois.) Le prêt était de cent mille sous marchois, somme énorme en ce siècle, destinée, selon les apparencs, à rétablir le monastère détruit par les Normands. On ne dit point s'il s'agissait d'un simple intérêt, ou d'un autre au-dessus de l'intérêt autorisé par l'usage, malgré la prohibition générale de l'église de tout intérêt sur un capital non aliéné.

Les évêques auraient aujourd'hui trop de pareils jugements à porter, s'ils avaient le même ascendant et la même autorité qu'en 1251.　　　　　*(Note de l'Auteur.)*

CHAPITRE VI

—

*Établissement des communes et de celle
de Brive.*

Les désordres de tout genre qui régnaient en France
dans les onzième et douzième siècles, engageaient les
rois à chercher des moyens d'y rétablir l'ordre et leur
autorité. Les peuples, victimes des usurpations des
grands sur les droits régaliens, soupiraient également
après la fin de l'anarchie, disposés à profiter de la première occasion de secouer le joug de leurs oppresseurs.

Louis-le-Gros et Louis, son fils, dit *le Jeune*, qui lui
succéda en 1120, commencèrent à affaiblir la puissance
et l'ascendant des grands vassaux de la couronne. Le
premier moyen qu'ils employèrent, heureusement, fut
l'établissement des communes dans les villes de leur
domaine et dans les autres lieux de leur dépendance.
Le privilége des communes consistait à permettre à
tous les habitants affranchis par là de la servitude, de
se réunir au besoin pour délibérer sur leurs intérêts
communs, de garder eux-mêmes les villes et les bourgs,
de s'armer en conséquence au nom du roi, d'exercer la
police; enfin de se choisir des chefs sous le titre de
Consuls, d'Echevins, etc. Ces nouveaux magistrats
furent bientôt investis du pouvoir de juger les petites
causes de la ville et de la banlieue qui n'emportaient
point peine afflictive.

Plusieurs seigneurs, soit pour trancher du souverain,

soit pour prévenir le mécontentement de leurs vassaux et se les attacher, consentirent à l'établissement des communes dans leurs terres, à l'exemple du roi ; ce qui préparait une nouvelle confusion de pouvoirs dans l'Etat.

La ville de Brive, qui depuis trois siècles n'avait cessé de lutter avec courage contre la prétention des barons de Malemort, et de réclamer son unique mouvance des rois, ne tarda pas à se former en commune. La charte de cette érection et de son consulat n'existe ni dans les archives de la ville, ni dans le trésor des chartes à Paris. Le désordre que les guerres et les siéges de Brive ont occasionné dans la maison-commune, ont fait disparaître beaucoup de titres importants. Quant aux archives de la couronne, on sait que nos rois avaient la coutume de les faire porter à leur suite, même dans les camps. Philippe-Auguste ayant été battu par les Anglais dans le Blaisois, en 1194, ses archives furent pillées, et il n'a pas été possible de les recouvrer. Mais le défaut du titre primordial de la commune de Brive est abondamment suppléé par l'exercice des fonctions des consuls, et par une suite d'évènements qui prouvent que leur institution date au moins de 1130 et fut créée par Louis-le-Jeune.

Les registres authentiques de l'hôtel-de-ville rapportent une foule de preuves que les consuls, jusqu'aux nouveaux règlements de Louis XIV, avaient la police et la voirie ; qu'ils levaient des impositions, du consentement des habitants, pour les affaires communes ; qu'ils étaient chargés de la garde des fortifications de la place, qu'ils faisaient prendre les armes aux citoyens et les commandaient selon les circonstances. Il est remarquable qu'en 1333, les consuls avaient un coin ou sceau pour marquer la vaisselle en argent et autres ouvrages d'orfèvrerie, dans ces temps de guerres continuelles et de calamités publiques qui en sont la suite.

Nous avons un acte, du 14 juillet 1207, portant le nom des quatre consuls, et scellé du sceau du Consulat.

Fac-simile de ce sceau, d'après une ancienne gravure (1).

On voit d'un côté trois épis de blé réunis en trois paquets en forme des fleurs de lis de l'ancien écusson de France, et qui étaient, jusqu'aux derniers temps, les armes de la ville. Au revers du sceau est un buste de saint Martin, martyr, patron de Brive. Un arrêt du Parlement de la Pentecôte (1257), ordonne que les consuls seront élus comme par le passé et de l'avis commun des habitants.

On lit dans les registres de l'hôtel-de-ville de Brive, que les rois lui permettent des octrois pour entretenir fles ortifications, en 1334, 1374, 1540, 1547, 1553, 1558, 1566, 1571, 1588 et 1610. Il suffit de les indiquer. Ces octrois consistaient en partie dans un droit, dit alors de *barrages*, ou droit d'entrée sur les denrées et les marchandises introduites dans la ville.

---

(1) Cet écusson est conforme à un sceau appendu à un acte de 1789. (Archives nationales. n° 5,692).   (*Note de l'Éditeur.*)

Le second moyen dont nos rois se servirent, après l'établissement des communes, pour affaiblir l'autorité des seigneurs, fut l'envoi des sénéchaux et des baillis dans les provinces, pour entendre les plaintes des habitants et leur rendre prompte justice; pour juger les affaires concernant les droits royaux et en tenir un rôle, etc. Le roi saint Louis (neuvième du nom), nomma en 1243, un sénéchal pour le Périgord, le Quercy et le Limousin. Son ressort fut nommé sénéchaussée du Quercy, parce que le sénéchal et le trésorier résidaient à Cahors. Le Haut-Limousin en fut démembré et réuni à la sénéchaussée du Poitou; mais le baillage du Bas-Limousin, dont Brive était le chef-lieu, demeura annexé à la sénéchaussée du Quercy, jusqu'au mois de juin 1373, que Charles V le transféra à celle du Limousin; Brive cependant et le Bas-Limousin faisaient partie du diocèse de Périgueux. Le pape Grégoire XI, originaire des environs de Brive (1), réunit cette partie au diocèse de Limoges, vers 1376; elle n'en a plus été séparée depuis, excepté celle du petit diocèse de Tulle, érigé vers 1320 par le pape Jean XXII, natif de Cahors. (2)

---

(1) Le pape Grégoire XI était né à Maumont, commune de Rosiers, canton d'Egletons.   (*Note de l'Éditeur.*)

(2) La bulle d'institution du diocèse de Tulle est datée du 13 août 1317, première année du pontificat de Jean XXII.   (*Id.*)

CHAPITRE VII

—

*Des débats, des guerres et des procès des
seigneurs de Malemort et de Turenne,
contre la ville de Brive. — Notice sur les
Albigeois.*

Il m'eût été facile, d'après les seuls mémoires de
MM. d'Espagnac et Serre, de former un petit volume
des matières du texte de ce chapitre ; mais le peu d'importance qu'ont aujourd'hui ces détails, surtout pour
des étrangers à la ville de Brive, m'a fait juger suffisant
d'en donner un précis historique ; il sera par ce moyen
assez intéressant pour le lecteur curieux de connaître
les mœurs de ces siècles de trouble et de confusion,
occasionnés par l'ambition des grands et par l'abus des
priviléges de la féodalité. La condition de Brive, à cet
égard, ressemblait alors à peu près à celle de tous les
lieux de France voisins d'un château et d'un seigneur
entreprenant, qui travaillait sans cesse à asservir ses
alentours.

L'évêque de Limoges, seigneur suzerain de la terre
de Malemort, dans laquelle il prétendait que la ville
de Brive était enclavée, se plaignit au Parlement de la
Toussaints (1265), de ce que le sénéchal du Périgord et
du Quercy avait reçu, pour le roi, le serment de fidélité de tous les habitants de la ville de Brive. Le sénéchal répondit que ces habitants l'avaient assuré, que le

roi était en possession immémoriale de recevoir ce serment.

« Ouïs sur ce, *Raoul de Trappis, Pierre Servientis* et *Guillaume Dupuy,* anciens sénéchaux du pays, qui ont déclaré que les seuls consuls étaient dans l'usage de prêter le serment de fidélité, le roi ordonne que l'acte du serment de la totalité des habitants sera mis au néant, jusqu'à ce que leur droit soit prouvé, sans néanmoins préjudicier à ceux du seigneur roi..... »

Cet arrêt fut suivi d'une enquête par autorité du Parlement de 1267, d'après laquelle intervint un second arrêt, portant qu'il est suffisamment prouvé, que le roi est en possession de recevoir le serment de fidélité des consuls et de soixante notables habitants seulement.

Un autre arrêt du 24 avril 1349 dit que le procureur du roi en la sénéchaussée du Quercy et du Périgord, qui comprenait le Bas-Limousin, a exposé à la Cour que la vicomtesse de Turenne et le baron de Malemort ont, par intrigues et menaces, fait consentir aux consuls et bourgeois de Brive, des transactions et pactes contraires aux droits du roi sur le Consulat de cette ville ; que le procureur du roi et les consuls ont demandé au sénéchal la suppression desdits actes forcés; que deux notaires à ce commis en feraient des expéditions, et les apporteraient avec les minutes aux prochaines assises ; mais que les seigneurs alarmés de ces ordonnances, avaient fait enlever de chez un des notaires tous lesdits actes par des gens affidés.

Ce fut principalement durant les onzième et douzième siécles que les grands, pour usurper les droits régaliens, profitèrent de la faiblesse de nos rois, qui, sans avoir de troupes fixes, étaient presque réduits aux revenus de leurs domaines. Les puissants seigneurs de Malemort, nommés quelquefois *principes Malomortenses,* s'étaient déclarés seigneurs directs et suzerains de la ville de Brive, hors d'état alors de leur résister efficacement. Mais l'érection de leur commune, avec l'accroissement de la population, leur inspira une nouvelle énergie pour opposer la force à la force, et conserver au moins une partie de leur indépendance. On en vint donc aux armes, et la petite guerre, dont nous avons peu de détails, dura environ dix-huit ans. Le partage de la terre de Malemort entre deux ou trois héritiers de cette puissante famille, et les démêlés qui s'en suivirent entre les co-partageants, donnèrent quelque avantage aux habitants de Brive pour soutenir leurs droits. Forcés néanmoins d'en abandonner une partie, ils consentirent à regret, d'après le conseil de quelques médiateurs, à la sentence arbitrale de Jean, évêque de Limoges, datée du onzième novembre 1211.

Cette sentence, évidemment partiale en faveur des seigneurs de Malemort, décida : 1° que la seigneurie de Brive appartenait à MM. de Malemort ; que les habitants devaient leur prêter serment de fidélité, et les servir à leurs dépens dans les guerres que ces seigneurs auraient à soutenir ; que s'il est nécessaire de prendre les armes pour prévenir le mal qu'on voudrait faire à la terre de Brive, les hommes de la ville doivent se conformer aux résolutions prises en commun par les habitants de la terre, après avoir pris le conseil des bourgeois de ladite ville ; que les ennemis des seigneurs n'y seront point reçus.... que la garde de la place appartient auxdits seigneurs ; que dans le cas où ils voudraient se croiser, ou qu'ils seraient faits prisonniers et obligés de payer rançon, la ville leur fournira une taille....

2° Que la justice de la ville appartient auxdits seigneurs, à condition d'en défendre les habitants, dont ils feront serment à la communauté....

Enfin, l'évêque interloqua un dernier chef de contestation. Pierre de Malemort soutenait être en droit d'avoir un bailly dans la ville; les habitants contredisaient cette prétention. Le prélat renvoya à faire droit sur ce chef, jusqu'à ce qu'il serait mieux informé des us et coutumes de la ville.

Ce jugement arbitraire était trop vexatoire pour être pleinement exécuté : aussi ne le fut-il point dans certaines parties. Les habitants de Brive n'osèrent pas d'abord contester que la justice et la seigneurie appartenaient aux barons de Malemort; mais ils firent tout ce qui dépendait d'eux pour les rendre sans effet. L'explication et l'exécution de la sentence donnèrent lieu même à des guerres interrompues par des médiations suivies d'autres sentences arbitrales, qui n'eurent à leur tour qu'une exécution imparfaite et toujours contestée.

La publication, par le pape, d'une croisade contre les Albigeois (1), donna lieu à de nouvelles contes-

---

(1) Les Albigeois, ainsi nommés parce qu'ils parurent d'abord près de la ville d'Albi en Languedoc, occasionnèrent une guerre terrible dans cette contrée.

« Ces hérétiques, sous un air imposant de réforme, répandaient au loin la contagion de leur fanatisme. Arnaud de Brescia avait excité des révoltes contre le pape et le clergé ; Henri, jeune enthousiaste, marchant nu-pieds, couvert d'un sac d'ermite, une croix de fer à la main au bout d'un bâton, avait dogmatisé et avait été reçu en prophète. Les sacrements, les mystères et les ministres de l'Église étaient attaqués.... une foule de novateurs embrassa la nouvelle doctrine. On leur reprochait, outre les erreurs de dogme et de discipline, d'infâmes débauches. » (Millot, *Histoire de France*, tome 1er). Ces débauches sont assez vraisemblables parmi de nombreux attroupements du petit peuple de deux sexes.

Il est certain que les principes et la conduite séditieuse des Albigeois autorisaient, par pure politique, le souverain à prendre des moyens de rigueur pour arrêter leurs désordres et main-

tations entre la ville de Brive et les seigneurs de Turenne et de Malemort. Gausbert et Elie, seigneurs par indivis de la terre de Malemort, et Raymond de Turenne se réunirent pour demander à la ville de Brive la taille qui, selon la transaction de 1211, était due aux seigneurs lorsqu'ils se croisaient. Gausbert et Elie en exigeaient une pour la croisade de leur père, et Elie pour celle qu'il avait faite lui-même. La difficulté consistait d'ailleurs à fixer la somme non évaluée dans la susdite transaction. Sur ce, les parties en remirent le jugement entre les mains de Durand, évêque de Limoges. Ce prélat rendit une sentence arbitrale, le 11 décembre 1241, par laquelle il fixait ladite taille à 200 fr. à diviser entre les quatre seigneurs.

Raymond de Turenne fut très-mécontent de la décision de l'évêque; mais il s'y soumit à cause des nouvelles contestations entre la ville de Brive et les seigneurs qui voulaient s'y emparer de tous les droits utiles et honorifiques. Les habitants, réduits au désespoir, résolurent de tenter le sort des armes, malgré la disproportion de leurs moyens avec ceux du puissant vicomte de Turenne et du baron de Malemort. Ils commencèrent par cesser de payer à ces seigneurs les droits économiques sur les héritages, soit dîme, soit censives; ils les privèrent aussi des droits casuels annexés à l'administration de la justice; ils cherchèrent ensuite à se fortifier contre leurs ennemis par des alliances avec les villes voisines. Les registres de l'hôtel

---

tenir la paix de l'État; mais on jugea nécessaire d'employer le puissant motif de la religion, afin d'engager les catholiques à prendre les armes. Il était de la prudence de ne pas donner le temps de se propager à une secte exaltée, capable de séduire la multitude avide de nouveautés, et de se porter aux derniers excès d'une guerre civile. *(Note de l'Auteur.)*

de la commune ne désignent que la ville de Figeac, qui avait sans doute ses griefs contre la maison de Turenne.

Je n'entrerai point dans le détail des évènements de cette guerre soutenue par intervalles durant plusieurs années. Raymond, le plus redoutable pour Brive, mourut en 1247. Boson, l'un de ses fils, qui eut en partage la terre de Brive, ne se trouva pas en état de lui opposer de grandes forces. Raymond, son frère, était dans l'impuissance de le secourir; il avait assez d'affaires pour se défendre de Elie Rudel, seigneur de Bergerac. Ce Rudel avait épousé une fille de Raymond IV, cousine germaine de Raymond VI, et lui servait de prétexte pour disputer à ce dernier la vicomté de Turenne. Ces circonstances donnèrent à la ville de Brive un peu de répit.

Raymond de Turenne et Pierre de Malemort passèrent, en 1258, un compromis avec les consuls de Brive, par lequel ils choisirent pour arbitre Guy, vicomte de Limoges. Les parties convinrent qu'en attendant le jugement, elles n'attenteraient rien les unes contre les autres. Pour sûreté de l'observation de la trève, on se donna réciproquement des ôtages : de la part des seigneurs, trois chevaliers et un damoiseau, et de la part des consuls, quatre des principaux bourgeois de la ville....

La médiation du vicomte de Limoges ne put arrêter longtemps les actes d'hostilité. Cependant, les parties belligérantes en vinrent à la voie déjà pratiquée, auprès du tribunal de l'évêque de Limoges. Ce prélat de la maison de Malemort et seigneur suzerain de cette terre, était par conséquent trop intéressé dans cette affaire pour la juger tout-à-fait impartialement. Il rendit sa sentence à Brive en 1267, en présence des abbés d'Obazine et de Saint-Amand, de MM. de Gourdon et de Renaud, seigneurs de Pons. L'évêque renvoie, par un usage ou un abus digne de ce siècle de barbarie, les consuls de Brive, sur toutes les questions agitées devant lui, à se pourvoir devant la cour desdits seigneurs, à raison de quoi il rend leur cour aux consuls, sauf le cas où les seigneurs feraient la guerre à Brive, et qu'il aura connu si elle est juste ou injuste. Ainsi, le vicomte de Turenne devenait juge dans sa propre cause, et l'évêque sembla négliger à dessein, de juger si la guerre que faisaient actuellement les seigneurs à la ville de Brive, était bien fondée en raison ou illégitime.

La singulière disposition de cette sentence ne pouvait concilier les parties intéressées; elles eurent encore recours aux armes, et se livrèrent de part et d'autre à tous les excès de cruauté qui furent en leur pouvoir. Après avoir bataillé pendant trois ans, l'épuisement réciproque les obligea de penser à la paix; elles remirent la décision de leurs différends à un religieux de l'ordre des frères mineurs en grand crédit dans ce siècle. La sentence arbitrale qu'il rendit au mois d'août 1271, ordonne l'exécution des sentences vexatoires de 1211 à 1241, à l'exception de quelques articles, dont l'obscurité donne lieu aux contestations entre les parties...

Le vicomte de Turenne aquiesça à la sentence de 1241, moyennant que la ville de Brive lui payera 50 francs et une autre somme égale pour sa croisade d'outre-mer. La sentence de 1211 sera aussi exécutée, en ce qu'elle adjuge sept sous d'amende, sur plainte d'une batterie peu considérable, et soixante sous lorsqu'il y aura effusion de sang. Les biens des meurtriers seront confisqués au profit des seigneurs et de la ville de Brive.

Au moyen de ces présentes, toute association et confédération sont annulées et défendues aux parties ; toutes les injures et tous les excès passés seront oubliés ; les indemnités et les dépens qu'on pourrait demander à ce sujet sont compensés, moyennant 100 francs que la ville paiera auxdits seigneurs, pour les dédommager des torts et des frais qu'ils ont soufferts, sans préjudice des demandes qu'ils auront à former contre des particuliers de la ville, et ceux-ci contre les seigneurs pour des affaires personnelles.

Il semblait que toutes les questions litigieuses étaient épuisées, et que la dernière sentence de 1272 ne laissait plus de sujet de dispute entre les parties : il en survint bientôt néanmoins pour des circonstances peu importantes que j'omets de crainte de fatiguer le lecteur. Ces nouvelles difficultés furent soumises au jugement de l'abbé d'Obazine. Sa sentence arbitrale de décembre 1272 ordonne que, pour les percussions suivies d'effusion de sang, l'amende serait de soixante sous, lorsqu'on en porterait plainte, et de sept sous lorsqu'il n'y aurait eu que des coups de poings, un soufflet, etc. Ces minces détails font connaître les mœurs du siècle.

CHAPITRE VIII

—

*Nouvelles vexations des seigneurs de Male-
mort et de Turenne au XIVe siècle, contre
la ville de Brive. — Transactions à ce
sujet.*

Les seigneurs et les habitants de Brive furent en paix
pendant plusieurs années, à cause de leurs embarras
personnels, de la soumission forcée et de la patience
des Brivistes. La guerre avec l'Anglais, qui désolait
le royaume au quatorzième siècle, et qui donnera un
chapitre particulier, fournit aux despotes de Turenne
et de Malemort l'occasion de vexer de nouveau la ville
de Brive ; ils projetèrent d'anéantir les actes qui prou-
vaient l'établissement du Consulat par nos rois, et de
s'en faire reconnaître pour les auteurs, afin de se rendre les seuls souverains d'une ville qui était le plus bel
apanage et l'ornement de leurs terres. Ils forcèrent les
consuls et les habitants à passer, en 1342, une transaction en conséquence, contre laquelle les opprimés
ne tardèrent pas à réclamer... Un arrêt du Parlement
du 24 avril 1349, ordonna qu'il serait informé des
violences commises au sujet de cette injuste transaction,
et remit les parties en l'état où elles étaient auparavant.... Les vicomtes étaient d'autant plus redoutables,
que plusieurs nobles de la vicomté, les villes de Martel,
de Beaulieu, de Saint-Céré et autres lieux, dépendants
ou alliés du seigneur de Turenne, se joignaient à lui

pour faire la guerre, *guerram mortalem*, dit une chronique ; ce qui fit souffrir des pertes immenses à la ville de Brive.

Afin de mieux pourvoir à sa sûreté, la ville prit, sur la fin de juin 1358, une délibération magnanime conservée dans les archives ; elle porte « que les seigneurs de Turenne et de Malemort ont menacé les consuls et les habitants d'anéantir les usages, libertés et franchises de la ville et les accords faits avec leurs prédécesseurs ; les délibérants conviennent que, si lesdits seigneurs tentent quelque entreprise pour effectuer leurs menaces, ils sacrifieront de grand cœur leur fortune et leur vie pour soutenir leurs droits... » Suit le nom des délibérants, et l'état de ce que chacun fournira en hommes, armes et argent pour la défense commune. Observez que la ville était bornée à ses propres forces, et que les rois, trop faibles ou trop occupés ailleurs, ne lui donnaient aucun secours.

Le secret convenu de cette délibération ne fut pas conservé. Le baron de Malemort en fut instruit, et chercha le moyen de se venger du consul Reynal, principal promoteur de cet acte. Reynal revenait tranquillement de Donzenac à Brive, le 10 novembre 1360, des satellites du seigneur Gaubert l'arrêtent et le conduisent au château de Bréniges sous Malemort, où résidait Gaubert. Reynal y aurait perdu la vie, si on n'avait espéré d'en obtenir une forte rançon. On parvint, après plusieurs mois de détention dans un cachot, à obtenir sa délivrance : il paya une grosse somme, s'obligea pour une plus forte, et fut contraint de rendre à son persécuteur l'hommage d'un fief qu'il tenait de l'évêque de Limoges (1). La transaction de 1342, comme nous

___

(1) On éprouva à Brive et dans le voisinage, le 28 décembre 1335, un grand tremblement de terre. Celui de 1755, qui fit le

venons de le voir, ne pouvait établir une paix solide.
Les menaces et les violences des ennemis de Brive
recommencèrent bientôt. Les lettres-patentes du roi
en 1406, 1408 et 1410, en retracent les suites désastreuses
en ces termes : « Les habitants de Brive ont été mis en
grande pauvreté, misère et désolation par Raymond de
Turenne, par la grande, mortelle et inhumaine guerre
qu'il leur a faite et fait faire par les Anglais, par haine
de ce qu'ils ne voulaient onques se départir de l'obéissance aux rois, et se soumettre du tout à celle dudit
de Turenne.... Les consuls et les habitants de Brive,
vrais sujets et obéissants, tiennent la ville et le consulat
du roi nullement, et sans moyen. Néanmoins, Raymond de Turenne, par voie de fait et de guerre,
s'étant efforcé d'usurper les justices, seigneuries et
droits appartenants au roi en cette ville.... a fait tuer
et meurtrir hommes et femmes en très-grand nombre,
en a fait mettre plusieurs en puits, fosses, cavernes
horribles où ils sont morts de faim, et fait tant d'autres
tyrannies, que ce serait grande terreur de les raconter ;
a établi auprès de la ville trois forteresses qu'il a gar-
nies de larrons, meurtriers, Anglais bannis, et autres
malfaiteurs qui ont combattu la ville, pris ceux qui en
sortaient, détruit les moulins et le pont, arraché les
blés, vignes et arbres, fermé de fossés toutes les issues
par lesquelles on pouvait introduire des vivres, etc. »
Le monarque, touché des maux de la ville de Brive,
lui accorde des exemptions d'impôts, de taille, aides,
fouages pendant cinq ans, pour la mettre en état de
soutenir la guerre et de réparer ses murs et forteresses.
Le Parlement lui adjugea une indemnité de 3,000 écus

---

tour du globe et engloutit presque toute la ville de Lisbonne,
donna quelques secousses en ce pays, mais sans renverser les
bâtiments.　　　　　　　　　　　　(*Note de l'Auteur.*)

d'or (de 20 sous 6 deniers) à prendre sur les revenus
et émoluments du comté de Beaufort, près Sarlat,
appartenant audit Raymond de Turenne. Le vicomte
répétait de son côté des sommes considérables aux
habitants de Brive. Allemande de Malemort, héritière
de cette baronnie, l'avait réunie à la vicomté de
Turenne par son mariage avec le vicomte, au treizième
siècle ; ce qui rendait encore ce seigneur plus puissant.
Fut fait néanmoins accord et composition, par les commissaires du roi, en la ville de Toulouse, au sujet
de 3,000 écus d'or, et de toutes les pertes et dommages
soufferts de part et d'autre. Le seigneur Raymond, dit
le *Meingre de Boucicaut*, tant en son nom qu'en celui
de son épouse, comtesse de Beaufort, satisfit les consuls
et habitants de Brive, promit de les laisser vivre en
paix, et de jouir de leurs immunités sous la protection
du seigneur roi et du parlement de Paris.

Cet acte de pacification n'eut pas plus d'effet que les
précédents. Les hostilités recommencèrent bientôt par
intervalles. Les lettres-patentes du roi, du 3 mai 1408,
après avoir rappelé « les grands maux, peines et affaires que les habitants de Brive ont eu à supporter de la
part des seigneurs de Turenne, ajoute : que Pierre de
Clermont, soi-disant avoir aucun droit sur la ville de
Brive, à cause de sa seigneurie de Malemort, par con-
voitise, haine ou autrement de sa volonté désordonnée,
a défendu aux habitants la chasse et prise des bêtes
sauvages, etc. »

Ces lettres confirment aux habitants le droit de
chasse, ainsi que leurs autres libertés et franchises, et
commettent le sénéchal de Limoges, pour connaître
juridiquement des faits. Les lettres-patentes du 16 avril
1410 confirmèrent les précédentes et en prorogèrent
les exemptions, en disant que les habitants et consuls
de Brive n'ont perdu aucun de leurs droits, et que les

VUE DE LA TOUR PRINCIPALE DU CHATEAU DE TURENNE

(Dessin de M. le baron de Maynard, extrait du Bulletin de la Société scientifique,
historique et archéologique de la Corrèze (siège à Brive), tome I).

seigneurs de Turenne et de Malemort n'en ont point acquis par l'évènement forcé qui donna lieu aux doubles lettres de 1374. Pour achever de donner une juste idée de la conduite tyrannique de ces seigneurs, et sans m'astreindre exactement à l'ordre chronologique, afin de rapprocher les faits et de les rendre plus frappants, j'observerai « que le vicomte de Turenne-Boucicaut fit faire défense à son de trompe, aux habitants de Brive, d'entrer dans sa vicomté, et aux habitants de la vicomté, d'entrer dans la ville de Brive, sous peine de certaines et grandes peines. » Défense absurde et d'autant plus impraticable, que la terre de la vicomté non contestée resserrait la banlieue de Brive; mais une violente colère ne raisonne pas.

Peu après les ravages commis dans la plaine de Brive, vers 1405 (comme on l'a déjà vu), et la destruction du pont antique qui lui a donné son nom, la ville chercha à user de représailles pour forcer ses ennemis à cesser leurs hostilités. Le château de Turenne était trop fort par sa position, et trop bien défendu d'ailleurs pour en entreprendre le siége. Les châteaux de Malemort et de Bréniges, à demi-lieue de Brive, ceux de Lagarde et de Lachapelle, un peu plus éloignés, étaient de facile accès, et désolaient le voisinage de la ville par les incursions journalières des larrons meurtriers, etc., que le vicomte de Turenne y entretenait. Les Brivistes, poussés à bout, obtiennent du roi la permission d'attaquer ces forteresses; ils lèvent des troupes, et les mettent en campagne avec de l'artillerie. Après des siéges de plus de cinq semaines, les quatre châteaux sont presque entièrement démolis, ainsi qu'une partie du pont de Malemort. Les brigands sont tués ou dispersés. La troupe victorieuse revient à Brive sans avoir perdu un seul homme, sauf quelques blessés.

CHAPITRE IX

—

*Dernière transaction définitive entre la ville
de Brive et ses co-seigneurs de Turenne et
de Malemort.*

L'expédition dont je viens de donner le précis ne
pouvait manquer de faire une grande sensation dans
le pays. Le vicomte, surpris de ce trait de courage, ne
put ou n'osa s'y opposer. Les bourgeois de Brive, fatigués et épuisés par les frais inévitables de si longues
guerres, étaient disposés à sacrifier une partie de leurs
droits pour obtenir le bienfait de la paix. Le vicomte,
de son côté, ne retirait pas grand fruit de sa tyrannie.
La résistance vigoureuse des habitants de Brive à ses
prétentions, et les fléaux de la guerre, dont lui et ses
vassaux ressentaient les effets, l'engageaient à devenir
moins intraitable ; toutes ces circonstances tendaient à
rapprocher les esprits et à chercher des voies de conci-
liation. Des amis communs saisirent cette occasion
favorable pour se rendre médiateurs bénévoles entre
les deux parties belligérantes. Si la supériorité de la
puissance influa dans les clauses de la transaction
suivante, les droits essentiels du roi et de la commune
de Brive y acquirent un certain degré de stabilité, qui
prépara de loin leur accroissement légitime, jusqu'à ce
que, trois siècles après, les ducs de Noailles, acqué-
reurs du tiers de la seigneurie de Brive, recommencèrent à tourmenter cette ville et à la dépouiller de
ses propriétés, comme il sera prouvé au chapitre xxx.

Enfin, à la suite de plusieurs négociations prépara-
toires, les seigneurs de Malemort et de Turenne passèrent, le 29 juillet 1361, avec les consuls et habitants
de Brive une transaction solennelle pour fixer, autant
que les circonstances le permirent, leurs droits res-
pectifs. Par les dispositions principales de cet acte
qu'il suffit de rapporter en ce lieu, lesdits seigneurs
cèdent ou laissent aux consuls le tiers de la justice,
avec les émoluments qu'elle pourrait produire; en
sorte que la ville de Brive fut divisée à cet égard en
trois portions égales, à condition néanmoins que les
consuls seront tenus de faire *une simple et nue reconnaissance* de leur tiers auxdits seigneurs, lors de leur
mutation.

Il fut en même temps convenu que les officiers de
justice seraient nommés conjointement par les trois
co-seigneurs ; qu'ils seraient requis d'assister à l'assemblée convoquée à Brive à cet effet; mais qu'en cas
d'absence, après la réquisition signifiée aux parties,
les co-seigneurs présents pourraient procéder à l'élection...

Le Consulat sera conservé tel qu'il est à la ville,
avec la liberté d'assembler la communauté, d'imposer
et de lever des tailles pour le besoin d'icelle... La
garde des murs, portes et fossés appartiendra aux
consuls, soit de jour, soit de nuit, à la seule charge
d'en offrir les clés auxdits co-seigneurs à leur mutation
ou à leur entrée dans la ville.

En cas de confiscation pour crimes commis dans la
ville, les immeubles seront adjugés à celui des trois
seigneurs, dans le territoire duquel seront situés les
biens confisqués. Si ces biens *ne sont mouvants d'aucun
seigneur*, ils seront partagés en trois lots, dont un pour
chaque seigneur. Cette dernière clause prouve évidemment qu'il y avait encore alors dans le pays grand

nombre de francs-alleux; c'est-à-dire des terrains libres qui ne relevaient d'aucun seigneur. Observation importante pour les procès de la ville avec les ducs de Noailles. Les seigneurs abusèrent de la maxime passée en proverbe : *Point de terres sans seigneur*, pour exiger le cens et les lots. Plusieurs savants jurisconsultes prouvent qu'on doit entendre ce mot du droit de justice qui n'emportait point d'autres redevances dans les francs-alleux.

Une autre clause bizarre de cette transaction, et qui démontre la violence des deux co-seigneurs, impose aux consuls l'obligation de faire tous leurs efforts pour recouvrer la reconnaissance faite au roi du consulat, et reconnaître qu'ils ne le tiennent que de la concession de leurs prédécesseurs. Cette réserve était si déraisonnable , que les consuls protestèrent contre dans un acte subséquent, et qu'elle n'eut point de suite. Les consuls étaient d'autant mieux fondés à la rejeter, que dans le reste de la transaction, ils n'avaient traité d'égal à égal que dans la supposition qu'ils tenaient le consulat de la seule autorité royale. Aussi, déclarent-ils formellement dans leur protestation, qu'ils n'entendaient rien faire de préjudiciable à leurs droits et à ceux du monarque. Les consuls, dans l'acte rédigé en latin, y sont qualifiés plusieurs fois du titre *Domini Consules;* ils se crurent dès lors autorisés à prendre celui de barons co-seigneurs de la ville de Brive, titre plus honorifique qu'utile dans le fond. Les seigneurs de Malemort et de Turenne l'employèrent dans plusieurs actes subséquents, et il n'a été contesté aux consuls, après trois siècles de jouissance paisible, que par la puérile jalousie des seigneurs de Noailles.

Cette fameuse transaction éprouva le sort des traités plus importants entre les souverains. L'ambition des seigneurs de Turenne et de Malemort, ou le faux zèle de leurs agents suscitèrent par intervalles des tracasseries et de petites voies de fait contre la ville de Brive, qui se défendit avec modération. Ces nuages passagers de mésintelligence n'eurent point heureusement un grand éclat, puisque les archives de la ville n'en disent que quelques mots, sans entrer dans aucun détail. Il est bon d'observer que les différends entre Annet de Latour et Pierre de Beaufort, au quinzième siècle, pour la succession de Turenne et de Malemort, différends assoupis par le mariage d'Annet avec Agnès de Beaufort, vicomtesse de Turenne, sa cousine germaine, avec dispense du pape Eugène IV, et ensuite les longues contestations entre les seigneurs de Bouillon et de Noailles, contribuèrent infailliblement à ménager du repos et de la tranquillité à la ville de Brive, attentive sans cesse d'ailleurs à surveiller les desseins et les entreprises de ses puissants rivaux.

Ayant renvoyé à leur époque naturelle (chap. XVIII) les guerres de religion, fomentées en ce pays et contre Brive en particulier, par les vicomtes de Turenne, il est à propos, dans l'ordre chronologique, de traiter maintenant de la guerre des Anglais en Aquitaine, dans laquelle notre ville eut malheureusement tant de part.

CHAPITRE X

De la guerre des Anglais en Guyenne et dans le Limousin. — Le roi Jean fait prisonnier. — Évaluation des monnaies. (1)

C'est en 1336 que commença entre la France et l'Angleterre cette guerre cruelle pendant plus d'un siècle, qui mit le royaume à deux doigts de sa perte. Le Bas-Limousin et la ville de Brive, que nous avons principalement en vue, en éprouvèrent les suites funestes.

Philippe de Valois, informé qu'Edouard, roi d'Angleterre, armait puissamment pour faire une descente

---

(1) Comme il sera souvent parlé de l'évaluation des monnaies, aux quatorzième, quinzième, seizième et dix-septième siècles, comparées avec leur valeur au dix-huitième, il m'a paru convenable d'en donner ici une notice d'approximation, pour juger des conséquences.

Le sou marchois valait 13 sous tournois, 100,000 valaient 80,664 fr. modernes à peu près.

Le franc d'or valait 20 sous ; les 300 valaient 2,484 francs actuels.

Le marc d'argent valait de 8 à 12 fr. : il est aujourd'hui à 48 francs.

Le mouton d'or ou écu au mouton 60 sous.

L'écu d'or 60 sous.

Le sou commun est évalué quelquefois 10 sous de notre monnaie actuelle ; c'était le prix d'une grande journée.

Le sou avait 12 deniers.　　　　　　*(Note de l'Auteur.)*

sur les côtes de France, envoya en 1337 des commissaires en Gascogne, pour s'assurer de cette province... Edouard, menaçant les côtes de Flandre, il donna ordre aux troupes de se rendre à Amiens. L'albalétrier à pied avait 15 deniers par jour, le piéton sans arbalète 12 deniers. L'écuyer, qui avait un cheval de 25 livres, recevait 6 sous 6 deniers. Le chevalier banneret, 25 sous par jour. Le simple chevalier 10 sous, etc.

Le roi ordonna la levée de cinq hommes par cent, parmi ceux en état de porter les armes. Les registres de la ville de Brive marquent qu'on avait en outre demandé un subside en argent; que la taille, sur les habitants de la franchise de Brive, fut d'un denier *parisis* par livre, sur les denrées qui étaient vendues dans la ville, et de deux sous par tête sur les paroisses voisines.

En 1335, Philippe de Valois. se méfiant du roi d'Angleterre, son vassal, voulut passer en Languedoc pour disposer des forces dans cette province, frontière de la Guyenne; il arriva à Brive le 22 décembre 1335, accompagné du roi de Navarre, du duc de Normandie, du duc de Bretagne, du comte de Périgord, des archevêques de Reims et de Bordeaux, et de plusieurs autres seigneurs et prélats. Il y célébra la fête de Noël et y demeura quelques jours avec son cortège. On ne dit pas s'il défraya la ville.

Pendant son séjour, il rendit deux ordonnances : l'une portant nullité des lettres et dons où il ne serait point fait mention des dons accordés précédemment à l'impétrant; l'autre ordonnance rétablit le Capitoulat et autres priviléges dont la ville de Toulouse avait été privée par arrêt du parlement du 18 juillet précédent.

Le 25 septembre 1340, les deux rois convinrent d'une trève; Philippe en profita pour faire réparer les fortifications des places exposées aux attaques de l'ennemi ;

il envoya ordre aux consuls de Brive d'employer tous les maçons et charpentiers de la ville et des environs, ainsi que les chevaux et les bœufs, et de commander des corvées, pour hâter les réparations des murs et des portes. Il envoya aussi des commissaires, pour imposer la nouvelle gabelle sur le sel ; et l'imposition eut lieu malgré l'opposition du peuple. On voit dans les archives de Brive, que la ville paya un fouage au lieu de la gabelle. L'évêque de Beauvais, lieutenant-général du roi, vint à Brive et taxa la ville à 180 francs. Le roi imposa encore une levée de 20 sous par feu dans tout le royaume. Des lettres-patentes en suspendirent, pour douze jours, le paiement dans les communes de la vicomté de Turenne, dans la terre de Malemort, dans celles de l'évêque de Tulle et de la ville de Brive.

Agoux-de-Baux, sire de Francolet, etc. remplaça l'évêque de Beauvais : il donna des ordres, en janvier 1343, aux consuls de Brive, pour que tout homme de la ville se préparât à venir à la guerre à pied ou à cheval. Les habitants firent un emprunt à cette occasion ; le roi en fit un aussi pour le siége de Belcastel, et Brive paya 35 livres 5 sous 6 deniers sur la fin de la même année. Le roi députa des commissaires dans les provinces pour engager les peuples à consentir à la levée de 4 deniers par livre, payables par le vendeur des marchandises, afin de fournir à la refonte de la forte monnaie, altérée depuis saint Louis ; les commissaires composèrent avec les villes principales. Brive paya, en 1444, deux extraordinaires pour cet objet, montant 44 francs.

En cette année, les consuls de Brive firent réparer les murs de la ville et nettoyer les fossés. Pour subvenir à cette dépense, ils imposèrent sur le clergé, la ville et les villages de la banlieue une taille de

1,052 livres 18 sous. On faisait la garde exactement, et
on donnait 2 sous par jour aux factionnaires.

Henri de Lancastre, comte de Derby, partit d'Angleterre à la fin de juillet 1345, avec une puissante flotte
et beaucoup de troupes ; il débarqua à Bayonne, se
rendit à Bordeaux et à Bergerac, dont il s'empara.
Ayant attaqué à l'improviste, à Auberoche, en Périgord, le comte de Lile-Jourdain, commandant de la
province, et tué ou fait prisonniers environ 4,000 Français, il profita de la victoire pour s'emparer d'un grand
nombre de places. La consternation se répandit dans
les provinces voisines.

Après la bataille de Crécy, perdue par le roi
le 24 août 1346, contre Édouard, les Anglais portèrent
la guerre dans le Nord et le Midi de la France ; ils se
répandirent dans le Limousin, malgré tous les efforts
du duc de Normandie, pour sauver cette province ;
s'emparèrent de la ville de Tulle, et y laissèrent
quatre cents hommes de garde. Le comte d'Armagnac
vint du Languedoc pour assiéger cette ville et la reprit
vers la fin de novembre. Les hostilités furent suspen-
dues en 1347 par l'entremise du pape... (1)

La peste portée du Levant en Italie, et de là en
France, fit de si grands ravages en 1347 et 1348, qu'un
auteur contemporain assure qu'elle fit périr en Limousin la sixième partie des habitants. Les consuls et principaux habitants de Brive firent un emprunt considérable pour secourir le petit peuple durant cette
calamité. Ce terrible fléau empêcha les Anglais et les
Français de se mettre en campagne. Cependant, les
consuls de Brive prenaient les mêmes précautions

---

(1) Clément VI, le premier des trois papes Limousins,
(Note de l'Éditeur.)

qu'en temps de guerre ouverte. Ils firent prendre les armes aux habitants, et en distribuèrent une partie aux sept portes de la ville. L'ancien registre contient un état des armes, de cinq canons, etc. Je pourrais donner le détail d'un grand nombre de subsides levés pour le compte du roi dans ces temps orageux, mais je pense qu'il suffit de ce qui en a déjà été dit pour juger des autres.

La guerre ayant recommencé, les consuls de Brive, par ordre du roi, ajoutèrent en 1355 de grandes fortifications à la ville, firent creuser des contre-fossés, réparèrent les anciens et les bordèrent de longues palissades.... On fut obligé de recourir à un emprunt pour fournir à ces dépenses. Malgré cela, les consuls distribuèrent aux pauvres cent quinze setiers de froment, à 5 sous 6 deniers, et quatre-vingts setiers de seigle, à 3 sous 9 deniers. Le marc d'argent n'était alors qu'à sept francs.

Eymeric de Rochechouart, sire de Malemort, commandant en Languedoc, vint à Brive aux mois de novembre et décembre 1352, pour examiner les fortifications de la ville.... Il força les consuls à lui prêter une somme de 500 francs, dont il fit une obligation scellée de son sceau, mais qui vraisemblablement n'a pas été remboursée.

Les Anglais s'étaient emparés du château de Comborn, à cinq lieues de Brive. La garnison pillait et désolait les campagnes voisines. La ville, exposée à leurs courses journalières leva, outre les subsides ordinaires, une taille pour fournir aux frais du siége du château, et déterminer Eymeric de Rochechouart à l'entreprendre. Elle lui paya et à ses gens, indépendamment des frais du siége, 161 francs. Les Anglais furent chassés de ce poste, et les archives n'en font plus mention. Ils s'étaient également rendus maîtres du château d'Ayen, bien situé sur une montagne voisine de celle d'Yssandon, qui a souffert tant de siéges. Les habitants du pays résolurent de les en déloger. Jean Dupont, bourgeois de Limoges, y fut envoyé avec plusieurs autres exercés à la guerre, suivis de bonne artillerie et de munitions. Après dix-sept jours de siége, le château fut rendu par composition et rasé.

On doit rapporter vers cette époque le siége du château de Juillac, dont on a des preuves par les boulets de canons incrustés dans les murs et d'autres légèrement enfouis dans l'enclos. Ce château, voisin d'Ayen, fut construit au quatorzième siècle, durant les règnes des papes Limousins, par le cardinal de Givry de la maison de Peyrusse d'Ecars. On y voit encore les armoiries de cette illustre famille, avec le chapeau et le cordon de cardinal. Le château est tombé en ruines faute d'entretien.

La trève de 1353 fut mal observée de la part des Français et des Anglais. Il y eut des rencontres des deux partis en divers endroits. Le pape entama une négociation pour la paix ; elle n'eut point de succès, et on se prépara à la guerre. Le comte d'Armagnac convoqua les Etats du Languedoc pour obtenir des octrois... Jean de Clermont, maréchal de France, convoqua à Limoges ceux du Limousin, pour le mois de juin 1355, et demanda des octrois afin de mettre le pays en état de défense. Les députés délibérèrent que si les nobles du Limousin, du Périgord, de la Marche et du pays Brivois voulaient accéder à la présente délibération, ils y consentiraient de tout leur pouvoir.... J'omets les longues clauses de cet acte, d'autant mieux qu'il n'eut pas d'effet pour le moment....

Le prince de Galles ayant débarqué à Bordeaux, envoya des détachements en Périgord et sur les frontières du Limousin. Ils s'emparèrent de Beaumont au diocèse de Sarlat et de Souillac, sur la Dordogne. Les consuls de Brive, alarmés, firent travailler à réparer les fortifications de la ville. Le prince Anglais pénétra dans le Berry, l'Auvergne et le Poitou, commettant portout des ravages affreux. Le roi Jean avait succédé à son père, Philippe de Valois, en 1350, à l'âge de quarante ans. Ayant rassemblé son armée, il fut à la rencontre du prince de Galles, et l'atteignit à Maupertuis, près de Poitiers, dans des vignes d'où il ne pouvait s'échapper. Il demanda la paix au roi, offrant de rendre ses conquêtes et de faire une trêve de sept ans. Le roi Jean, se croyant assuré de la victoire, refusa ces conditions avantageuses. Il fut défait, le 19 septembre 1356, en deux jours, quoiqu'il eut 80,000 hommes contre 8,000 Anglais, et fait prisonnier avec beaucoup de seigneurs. Les Anglais y firent, pour la première fois, usage du canon. Le roi demeura quatre ans prisonnier à Londres, jusqu'à la paix funeste de Bretigny en 1360.

Cet évènement jeta la consternation dans toute la France et occasionna des levées énormes de subsides pour la rançon du prince. Le Dauphin, son fils aîné, depuis Charles V, dit *le Sage*, prit en attendant le gouvernement du royaume. Le 8 décembre 1357, il renouvela pour cinq ans le droit de barrage, que son père avait accordé de même auparavant à la ville de Brive, à condition que le produit en serait employé à la garde et défense de la place. Il est dit dans ces lettres, que les consuls et habitants de Brive-la-Gaillarde ont, durant ces guerres présentes, gardé la ville et la gardent encore à leurs dépens.... La trêve entre la France et l'Angleterre cessa sur la fin de 1360, et les Anglais firent diverses courses dans les provinces. Les nonces du pape réussirent enfin à faire signer entre les deux couronnes le traité de paix dont nous allons parler.

CHAPITRE XI

—

Traité de Bretigny avec les Anglais
et ses suites funestes.

Le roi d'Angleterre n'avait point acquis le Limousin
en 1152, lors de la répudiation de le reine Éléonor par
Louis-le-Jeune, roi de France, parce que cette province
ne faisait pas alors partie de l'Aquitaine. Le Limousin
ne lui fut cédé que par le traité de 1259, dans lequel
saint Louis y consentit par délicatesse de conscience,
contre l'avis de son conseil. Jusque-là le Limousin
avait si peu appartenu au roi d'Angleterre, qu'au mois
de mars 1229, saint Louis reçut sans obstacles le serment de fidélité de l'abbé de Saint-Martial, de Limoges,
du vicomte de Comborn et autres seigneurs et prélats
du Limousin. (Du Tillet, *Recueil des Traités.*)

Il est vrai que saint Louis avait cédé à l'Angleterre
le Quercy, le Périgord et le Limousin; mais ce traité
ne fut pas exécuté en entier de part ni d'autre. En effet,
Édouard III, en 1279, réclama auprès de Philippe-le-
Hardi les terres qu'on devait lui céder dans le Limousin, qu'on retint d'abord à son préjudice, et qu'on
reprit dans la suite. « *Multa nobis in Lemovicensi, Petro-
corensi et Cadurcensi diœcesibus liberare tenemini, quœ
liberata non fuerunt aut postmodùm sub prisa fuerunt
restituere....* » (Acta Rimer, *Tome* i, *parte secundá.*)

L'arrêté de 1257, qui maintient le roi de France en
possession de recevoir dans Brive le serment de fidélité, est une preuve sans réplique que cette ville n'avait

point passé sous la domination anglaise. Il est assez prouvé par l'histoire du temps, que les monarques n'exigeaient de serment de fidélité que dans leurs domaines en temps de paix, et hors le cas de conquête momentanée par leurs armes. Cette observation deviendra importante lors de l'entrée du duc de Lancastre dans la ville de Brive.

En cet état des affaires royales, le régent de France, durant la captivité de son père à Londres, signa, le 8 mai 1360, au village de Bretigny, près Chartres, le fameux traité de ce nom. Il cédait au roi d'Angleterre la Saintonge, le Poitou, le Limousin, le Quercy, le Périgord, le Bigorre, l'Angoumois et le Rouergue. L'article 12 porte que le roi de France renoncera à toute souveraineté sur ces provinces, et que le roi d'Angleterre abandonnera ses prétentions sur la Normandie. Le roi Jean fut mis en liberté après quatre ans de détention, et il ratifia à Calais, le 24 février suivant, le traité conjointement avec le roi d'Angleterre. Celui-ci ayant manqué de se rendre à Bruges, lieu convenu pour terminer l'exécution du traité de Bretigny, les choses restèrent à peu près au même état où elles étaient auparavant. Il fut imposé vers cette époque plusieurs octrois sur la sénéchaussée du Périgord et du Quercy, dont Brive avait ressorti autrefois, mais il ne paraît pas que cette ville y ait contribué. Elle était d'ailleurs hors d'état de le faire; les incursions des Anglais qui dévastaient les campagnes de son arrondissement, lui occasionnaient trop de soins et de dépenses pour s'en défendre et pour tâcher de se conserver à son légitime souverain.

Nonobstant toutes ces mesures et l'inexécution du traité de Bretigny, les Anglais envahirent le Limousin, et il demeura sous leur domination depuis 1361 jusqu'en 1369. Le prince de Galles exigea tant de subsides

et d'octrois de ses sujets, qu'ils pensèrent à se sous-
traire à sa tyrannie. Un fouage général qu'il imposa
sur toute la Guienne décida la plupart des seigneurs
à interjeter appel au parlement de France. Charles V
reçut l'appel, et par un arrêt de la veille de l'ascension
1359, ce prince tenant son lit de justice au parlement,
les terres que le roi d'Angleterre possédait en France,
furent confisquées pour ses rébellions, attentats et
désobéissances.... C'était donner le signal de la guerre.

Le roi envoya, dans l'été de 1369, une armée en
Limousin, sous le commandement du duc de Berry,
et une en Quercy, commandée par le duc d'Anjou.
Elles ne firent pas de grands progrès cette année; mais
dans la suivante, le duc de Berry se rendit maître de
Limoges, au moyen d'une intelligence qu'il avait dans
la ville. Le brave Duguesclin, depuis connétable, et
qui rendit de si grands services militaires à la France,
commandait sous le duc.

A la fin de l'année 1371, le prince de Galles, quoique
malade, assembla ses troupes à Cognac, et alla faire le
siége de Limoges. Après quelque résistance, il prit la
ville d'assaut. Il était si irrité contre les habitants, qu'il
en fit passer au fil de l'épée plus de quatre mille, sans distinction d'âge et de sexe : ce fut son dernier exploit.
En se retirant très-malade en Angleterre, où il languit
pendant trois ans, il laissa au duc de Lancastre, son
frère, le commandement de l'armée ; mais depuis son
départ, les affaires des Anglais en Guienne allèrent
toujours en décadence.

CHAPITRE XII

—

*Brive occupée par les Anglais et reprise de
force par le duc de Bourbon.*

Le duc de Lancastre revint en Limousin avec son
armée, au mois de juin 1374, et répandit l'alarme dans
toute la province. Le duc d'Anjou envoya des troupes
pour la défendre, mais elles ne purent empêcher les
Anglais de s'emparer de nouveau de la ville de Limoges et de finir presque de la détruire. L'armée du roi
voulut se jeter dans Brive ; mais les habitants, effrayés
par le désastre de Limoges, et craignant le même sort,
refusèrent de recevoir les Français.

Le duc de Lancastre, s'étant présenté bientôt devant
la ville, on lui en donna l'entrée par la porte de Barbecane, avec son armée. Le prince y demeura quelques jours et se retira en Guyenne. Le duc de Bourbon,
profitant de cette absence, se présenta aux portes de la
ville, le 22 juillet suivant. Il somma les habitants de
lui en faire l'ouverture, et de reconnaître le roi pour
leur souverain. Sur leur refus imprudent, il attaqua la
ville et l'emporta d'assaut.

Jean Maistre, l'un des consuls qui commandait la
milice bourgeoise, fut tué dans cette attaque. La ville
éprouva toutes les horreurs auxquelles se porte en ces
occasions le soldat furieux, pour piller et massacrer
impunément. Après ces premiers actes de violence, le
duc d'Anjou fit procéder avec rigueur contre les habitants. La ville fut privée de son consulat et de tous ses

priviléges. Plusieurs individus furent déclarés criminels de lèse-majesté, d'autres bannis. Celui qui avait donné le conseil d'ouvrir la porte de Barbecane au duc de Lancastre fut décapité sur l'endroit, et la porte murée. Les biens de tous les particuliers furent confisqués au profit du roi, tandis que la troupe y vivait à discrétion, etc.

Dans cette extrémité, le duc d'Anjou, partant pour le Languedoc, ordonna de surseoir à l'exécution des condamnations; mais nonobstant ce sursis, le seigneur de Talleyrand, qui commandait dans la ville, continua de faire emprisonner les habitants et d'enlever leurs propriétés, sans réprimer les désordres de la soldatesque. On sent bien qu'il mettait à contribution le voisinage de Brive pour faire subsister sa troupe et arranger ses propres affaires.

Le pape Grégoire XI, né au château de Maumont, près de Brive, (1) touché des malheurs de cette ville, sollicita Talleyrand pour l'engager à la traiter avec moins de rigueur; il continua tellement ses instances auprès du duc d'Anjou, que ce prince accorda des lettres de rémission, datées du mois d'octobre 1374. Il est dit dans ces lettres, que le roi Jean et ses prédécesseurs ont eu la ville de Brive dans leurs bonnes grâces; que c'était par crainte des Anglais qu'elle avait failli, ayant envoyé plusieurs exprès au duc d'Anjou avant l'arrivée du duc de Lancastre pour demander des secours. A ces considérations, le prince révoque et annule toutes les procédures faites, tant contre le général que contre les particuliers de ladite ville; il lui rend le consulat avec

---

(1) **Voir** page 36 la note 1. — Les ruines du château de Maumont se voient encore aujourd'hui sur une colline, commune de Rosiers, canton d'Égletons, à plus de 50 kilomètres au nord de **Brive.** *(Note de l'Éditeur.)*

Karolus

Karolus .. dei gracia Francorum rex. Vniuersis presentibus pariter [et]
formam qui sequuntur continentes. Ludouicus regis quondam Francorum filius dominus meus regis [in]
inspecturis salutem. Sicut deus non vult mortem prauie [sed] quod conuertatur et viuat ita benig[-]
[illegible] contritas misericordi[ter] reparari cordis benigno [et] similibus supplicacionibus acquiescere ut corda [illegible]
form[...] binis[...] tam [illegible] qui fuerint [illegible] cu[m] consules [et] burgen[ses] et habitatores de Bri[u]a in lemouicio[?]
[illegible] in hu[i]us directum et superiorem [illegible] suo tempore [illegible] ducatu[m] Aquitanie [illegible]
[illegible] ultimo [illegible] rebell[is] contra cons[...] et ex civilis [illegible] [illegible] domini mei et nos
[illegible] necno[n] ducem [illegible] cum [...] eius [illegible] [...] ultimo [illegible] [illegible] transfr[...] [illegible]
permittendo et [illegible] obedientes et [illegible] sequela [illegible] inimicos [illegible] partem suam fouentes et [illegible]
[illegible] plures armor[um] gentes [illegible] d[omi]ni mei ac [illegible] dictam villam de Briua superuenissent [illegible]
mor[...] amparandi et eos deffendendi [illegible] in consules burgen[ses] [et] habitatores [illegible]
[illegible] et demu[m] postq[uam] p[re]fatum ducem lemouicense receptur[...] se continue [illegible] [illegible]
[illegible] [illegible] pro lapsum ut circa Austrie carissimi consanguinei nostri du[cis]
amicabilis requisitus [illegible] fecit ut ei [illegible] recipe ipse[?] ac dei dominis meis m dominis suis [illegible]
quem occasione auctorisante [illegible] [illegible] qui dein [illegible] p[re]fulgente [illegible] dei [illegible]
liber ac bonis omnibus [illegible] euntib[us] capti et [illegible] sunt. In armor[um] [illegible] conseg[...]
Incursu[m] fuit [illegible] q[uod] corpora et bona sua gentes [illegible] et sunt ad voluntatem [illegible]
[illegible] p[er]terens [et] timorem magnu[m] [illegible] [illegible] simplicitat[em] cor[...] et male consid[...]
[illegible] gremiu[m] n[ost]re clemencie [illegible] dandum [illegible] sua facturi [illegible] [illegible] desid[...] postul[...]
[illegible] toga in [illegible] requisitu[m] et sui p[re]decessores Francor[um] reges in eor[um] bona gracia [illegible] si
non [illegible] ad obediencia[m] d[omi]ni mei p[er]suade cor[...] fideliter reuerente [illegible] affectan[...]
de Briua insunt et eorum [illegible] [illegible] promissis attentis ob contemplacionis d[omi]ni n[ost]ri su[m]
[illegible] quittanus [illegible] [illegible] remittim[us] [et] quittam[us] et tenore p[rese]ntis indulgem[us] o[mn]i
[illegible] [illegible] et [illegible] corporali criminali et ciuili qua[m] p[ro]p[ter] ea [illegible] [illegible]
p[ro]p[ter] hoc [illegible] in aliq[uo] p[er]grata. Attendentes p[re]sentes [...] et [illegible] [illegible]
[illegible] in p[...] fuit sen faciend[o] [illegible] p[...] si alique plures[?] aliud [illegible] eu[m] existens [illegible]
eu[m] obseruare qui ac de nunc[?] [illegible] [illegible] [illegible] et autre [illegible] [illegible] p[ri]u[...]s consulib[us] Briue
consulatu[m] sen [illegible] comunem, cu[m] o[mn]ibus [illegible] [illegible] iurib[us] [illegible] [illegible]
concedim[us] [illegible] [illegible] q[uod] ip[s]i consules burgen[ses] [et] habitatores dicte ville de Briua [illegible] [illegible]
[illegible] ac de consueuerunt t[em]porib[us] retro[actis], [illegible] ip[s]i consules burgen[ses] et habitatores et [illegible]
banua[gio?], imposiciones et gabellas ac alia emolimenta [illegible] d[omi]ni mei [illegible] sue nos [illegible]
et leuari non obstantib[us] donacionib[us] de dictis banuagiis imposicionib[us] et gabellis factis [illegible] [illegible]
burgens[ibus] [et] habitatorib[us] de Briua, et eos [illegible] [illegible] p[ar]ticulare[m] [illegible] [et] singula bona
[illegible] p[er] eam p[re]mium [illegible] ac [illegible] [illegible] [illegible] et [illegible], per p[re]sentes ac si
[illegible] donaciones a nos [illegible] consanguineu[m] n[ost]ri[m] ducem [illegible] [illegible] vel alias q[ui]
de nunc[?] [illegible] existere [illegible] [illegible] [illegible] sen [illegible] petragor[...]
[illegible] [illegible] consules burgenses [et] habitator[es] de ville de Briua p[re]mium p[re]fatas sui[...]
[illegible] [illegible] [illegible] sen a quoq[ue] acceptari p[er]mittere [illegible] [illegible] sen attemptata [...]
Q[uo]d ut firmiu[m] et stabile p[er]tuo p[er]seuere[n]t sigillum secreti n[ost]ri [illegible] magne [illegible]
q[...] nos mense octobris. Quas[...] hiis ac o[mn]ia [et] singula in p[rese]nti contentu[m] [illegible] [illegible]
et [illegible] ac teno[rem] p[rese]nti[um] [illegible] vnite regia [illegible] speciale [et] g[e]n[er]ali confirma[mus]
Dat[um] [illegible] [illegible] iusticiar[iis] [et] officiar[iis] n[ost]ris [illegible] qui nunc sunt [illegible] [et] [illegible] [illegible]. [illegible] consules
p[re]d[i]c[t]i nu[n]c ac de [illegible] nos p[re]sc[ri]pta [illegible] [et] concessione [illegible] in [illegible] l[itte]ris contentur. Oia[?]
in contrariu[m] facta [illegible] reuocata sen [illegible] si q[ue] fac aut fuerint ad statum p[...]
[illegible] h[a]s l[itte]ras firm[ari] appon[i] sigillu[m]. Saluo in aliis [illegible] [illegible] in o[mn]ib[us] q[uo]libet aliena. [illegible]

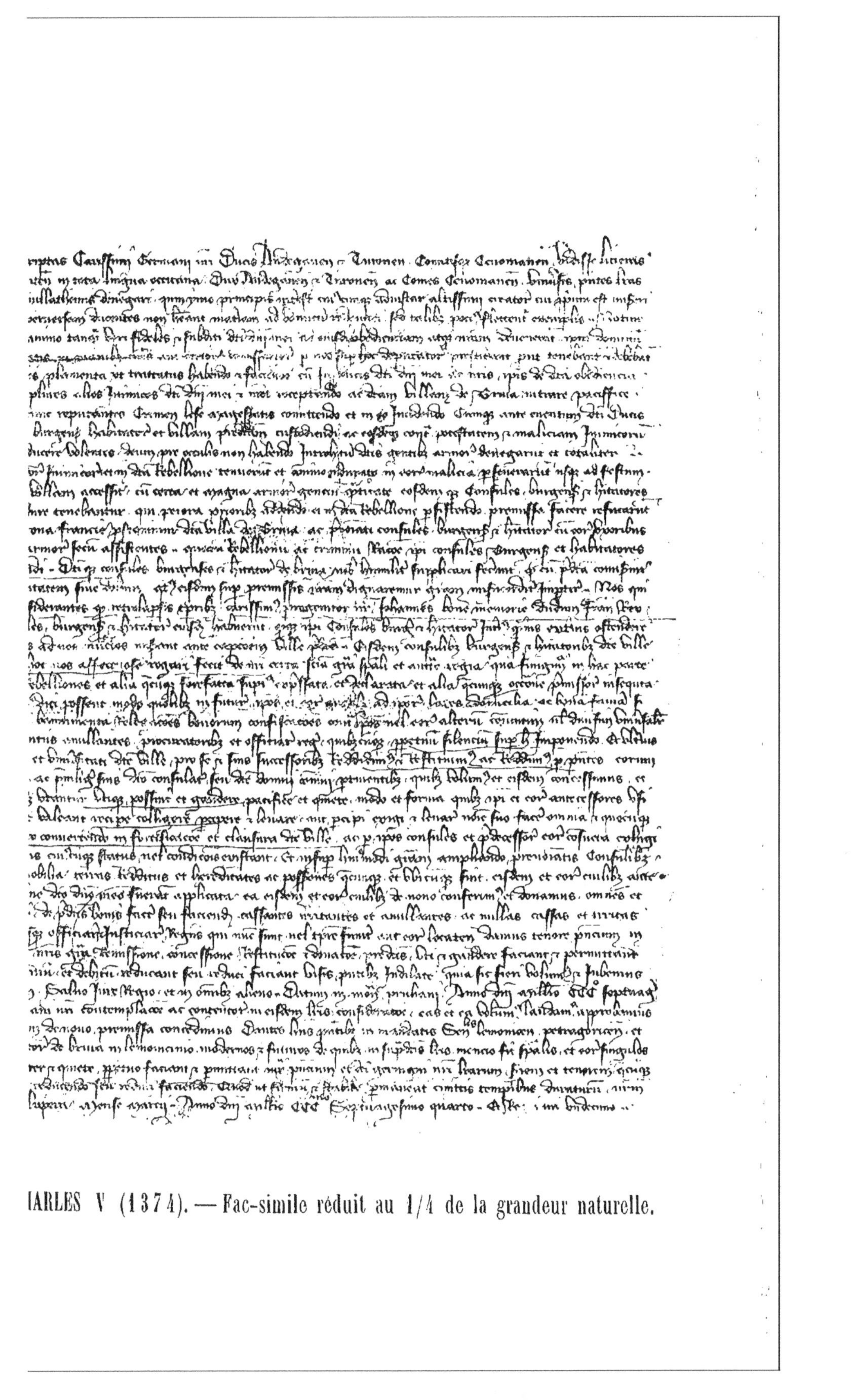

IARLES V (1374). — Fac-simile réduit au 1/4 de la grandeur naturelle.

tous ses anciens priviléges, remet à un chacun ses biens confisqués, et révoque les donations qui en ont été faites par lui ou par le duc de Bourbon. Ces lettres de grâce furent confirmées par des lettres-patentes de Charles V, du mois de mars 1374, où le roi rappelle les mêmes excuses alléguées en faveur des habitants de Brive par le duc d'Anjou... (1) On est surpris de voir que cette ville, malgré sa détresse, s'imposa à la fête de la Toussaint 1374, une taille extraordinaire pour fournir aux frais d'une expédition contre les châteaux de Bar et de Saint-Jal, entre Brive et Uzerche. Des scélérats, tant Anglais que nationaux, s'y étaient établis et de là dévastaient la province: ils en furent chassés et dispersés, en laissant des morts et des blessés et une partie de leur butin. Il paraît, par le rôle de répartition de la susdite taille, qu'on comptait alors dans Brive 624 maisons principales sujettes aux impositions, ce qui annonce l'accroissement de la ville. Comme elle était alors frontière du Périgord occupé par les Anglais, et la seule place bien fortifiée du canton, elle trouvait des ressources dans le commerce et le droit de barrage, augmenté par les voisins qui venaient souvent y mettre en sûreté leurs effets les plus précieux.

---

(1) Le fac-simile de ces lettres de grâce, reproduit ci-contre, est extrait du Bulletin de la *Société Scientifique, Historique et Archéologique de la Corrèze* (siége à Brive), tome I.

Quelques personnes pourraient au premier abord croire à une erreur de l'auteur, en voyant que les lettres de grâce accordées par le duc d'Anjou au mois d'octobre 1374 ont été confirmées par lettres-patentes du roi Charles V. au mois de mars 1374, nous leur ferons remarquer qu'à cette époque, l'année commençait, non au 1er janvier, mais à la fête de Pâques. Le premier jour de l'année 1374 fut le 2 avril.   (*Note de l'Éditeur.*)

CHAPITRE XIII

—

Trève entre l'Angleterre et la France. —
Renouvellement de la guerre. — Le roi
d'Angleterre nommé roi de France.

Les règnes des trois rois, Charles V, Charles VI et
Charles VII, aux quatorzième et quinzième siècles, ne
furent qu'une suite de guerres, de trèves, de traités entre
la France et l'Angleterre, qui désolèrent particulièrement notre nation. La peste, la famine et leurs suites
mirent le comble à la misère publique. Un ample
détail de ces évènements appartient à l'histoire générale de France. Je me contenterai d'en extraire succinctement ce qui offre un rapport direct avec le Limousin
et la ville de Brive, ou ce qui devient nécessaire
pour en faciliter l'intelligence.

Les plénipotentiaires des rois d'Angleterre et de
France convinrent à Bruges, le 29 juin 1375, d'une
trève pour un an; mais le Limousin n'en profita guère.
Les châteaux-forts de la province étaient occupés par
des brigands, qui faisaient tant de ravages dans les
campagnes, que la ville de Brive fut obligée de sou-
doyer grand nombre de gens d'armes pour protéger la
tenue des marchés et les journaliers employés à la
récolte des grains. Charles V envoya pour commandants de la province, en 1376, Alain de Beaumont,
Alain de la Fosseya et Himbault de Pons... Ils exi-

gèrent des villes une nouvelle reconnaissance de la souveraineté du roi.

Édouard III, étant mort au mois de juin 1377, Charles V profita de cette circonstance favorable pour recommencer la guerre. Le duc d'Anjou et le connétable Duguesclin assemblèrent une armée en Périgord. La ville de Bergerac prise de force, on enleva aux Anglais trois cents villes, bourgs ou villages dans quelques mois, et on remporta une victoire sur le sénéchal de la Guienne pour le roi d'Angleterre. Ces avantages se ralentirent en 1378, parce que le roi appela auprès de sa personne le duc de Berry et le connétable, dont une grande partie de l'armée devait joindre celle du roi, pour s'opposer à la descente des Anglais sur les côtes de France.

Le Limousin était encore en proie au pillage et aux cruautés de partis d'aventuriers, reste des déserteurs et des brigands de diverses nations, commandés par deux chefs vaillants et exercés à la guerre. L'un nommé Geoffroi, *Tête-Noire*, s'empara en 1379 du château de Ventadour : le second, Pierre Foucault, capitaine Anglais, surnommé le *Bourreau* à cause de ses cruautés, s'était rendu maître du château de Saint-Amand. L'arrondissement de Brive, quoique un peu éloigné au midi de ces deux forts, était journellement exposé aux incursions des brigands qui en sortaient pour ravager les campagnes. Les consuls, par l'entremise du vicomte de Turenne, firent une espèce de traité ou de convention avec Geoffroi et Foucault, moyennant 300 francs d'or qu'ils leur payèrent.

Cependant, le roi donna ordre au duc de Berry de délivrer la province de ces scélérats. Le prince, avec de bonnes troupes et celles du comte d'Armagnac, se rendit en 1390 à Ventadour. Le château fut investi et attaqué vivement ; mais il était si bien fortifié et pourvu de munitions de guerre et de bouche, qu'il y avait peu d'espérance de l'emporter. Tête-Noire ayant reçu un coup d'arbalète qui froissa son casque, la blessure devint mortelle à cause de son incontinence. Il appela ses lieutenants, leur dit qu'il allait mourir, leur recommanda l'union, et les pria d'élire pour général Alain Leroux, son neveu. Devenu dévot, il ordonna de tirer de sa cassette, renfermant 30,000 francs en or, 9,000 francs pour donner à la chapelle de St-Georges, où il voulait être inhumé. Après d'autres singularités que j'omets, il expira avec courage.

La mort de ce malheureux mit la division parmi les chefs de sa troupe, qui ne voulurent point obéir aux Leroux. Deux capitaines Bretons offrirent de livrer une porte du fort au duc de Berry pour 10,000 francs d'or. Leur dessein perfide était de prendre la somme avec l'officier et sa suite qui la porteraient. Le duc de Berry, craignant cette trahison, fit accompagner l'escorte par cent vingt hommes d'élite. Ils saisirent les deux fripons et tinrent ferme à la porte, jusqu'à ce que l'armée vînt à leur secours. La place fut enlevée d'emblée et on y fit un riche butin. Les Français qu'on y trouva furent pendus. Alain Leroux, réfugié dans une tour, se rendit à discrétion. On l'envoya à Paris, où le Parlement le fit décapiter. Le duc de Berry s'empara bientôt du fort de Saint-Amand, et donna la chasse aux autres brigands qui occupaient divers châteaux dans la province. Les archives de Brive n'en font plus mention.

Charles V finit ses jours en septembre 1380, et Charles VI, son fils, lui succéda dans la douzième année de son âge. La minorité de ce prince et la démence dans laquelle il tomba environ quinze ans après, ne pouvaient manquer d'être funestes à la France. Le royaume était en guerre avec les Anglais, l'intérieur était déchiré par de petites guerres civiles. Les Anglais s'emparèrent du Maine et de la Normandie; le duc de Bourgogne remplit Paris de sang et de carnage, et y fut tué lui-même en 1419. Pour comble de malheurs, l'épouse de Charles VI entra dans des complots séditieux avec Henri V, roi d'Angleterre, au préjudice de son fils le Dauphin. Catherine, dernière fille de France, épousa ce Henri, déclaré par là régent et héritier du royaume en 1420. Le Dauphin se retira en Anjou, et la guerre se ralluma. (1)

-----

(1) « Le roi d'Angleterre vint trouver la reine et le duc de Bourgogne à Troyes. Là se fit le fameux traité par lequel on traita que Henri V épouserait Catherine, fille de Charles VI ; qu'après la mort de ce roi, il succéderait à la couronne; qu'en attendant il gouvernerait la France, vu l'incapacité de Charles... Que l'on poursuivrait vivement Charles, soi-disant Dauphin, regardé comme l'ennemi de l'État. C'était violer les droits de la nature et de la nation, et renverser les lois fondamentales du royaume. » (*Histoire de France*, par Millot, t. II.)

(*Note de l'Auteur.*)

CHAPITRE XIV

—

Aides et gabelles sous Charles VI, et leur remplacement sous Charles VII. — Jeanne d'Arc, dite la Pucelle d'Orléans.

Le roi Charles V donna, le jour de sa mort, une ordonnance pour abolir tous les impôts extraordinaires qu'il avait établis; mais le duc d'Anjou, régent du royaume, les augmenta sans égard pour la dernière volonté du roi. On les leva avec tant de rigueur, que le peuple, au désespoir, se révolta dans plusieurs villes. Il paraît, par une instruction donnée à ce sujet, qu'on payait vingt francs d'or pour chaque muids de sel vendu dans les greniers du roi, un sou par livre pour le vin vendu en gros, et le huitième vendu en détail. On voit par une autre instruction, que dans les provinces où les gabelles n'avaient point cours, on levait une aide pour en tenir lieu; elle consistait à prendre la moitié du prix du sel dans les salines, et ensuite 5 sous par livre lors de la vente du sel. En 1385, le roi forma une armée pour faire une descente en Angleterre, et à cette occasion il augmenta les aides d'un tiers et ordonna la levée d'une certaine somme de deniers sur chaque personne, qui ne serait ni clerc ni noble, servant à l'armée, selon les facultés individuelles. Il imposa encore en 1395, pour une fois seulement, une aide en forme de taille pour la dot de sa fille aînée, qui devait épouser le roi d'Angleterre.

L'infortuné Charles VI, presque toujours en état de démence depuis son accident, mourut le 22 octobre 1422, et Charles VII, son fils, surnommé le *Victorieux*, lui succéda. Les Anglais occupaient la plupart des provinces au nord de la Loire, et Henri V, roi d'Angleterre, était reconnu pour roi dans cette belle partie de la France.... Charles VII assembla les États généraux en Berry, les années 1423, 1424 et 1425 ; les premiers lui accordèrent un million de livres et les deux suivants une taille générale. Afin de se mettre en état de l'acquitter, les consuls de Brive imposèrent un droit, dit le *Soquet*, sur le vin vendu par les cabaretiers. Ce droit était de 2 sous 6 deniers par livre, ou le huitième du prix du vin. Dans les États généraux de Clermont, le roi obtint, dans les premiers, en 1427, cinq cent mille livres pour la guerre, et dans les seconds, deux mois après, quatre cent mille livres. La gabelle sur le sel fut portée à 15 sous 6 deniers par quintal.

Malgré tous ces secours et ceux accordés par plusieurs États généraux, depuis 1430 jusqu'en 1445, le roi, ne les trouvant point suffisants pour soutenir la guerre, fit des altérations dans les monnaies. Il retenait les trois quarts du marc d'argent pour son droit de seigneuriage et pour frais de fabrication ; il prenait également une grosse traite sur le marc d'or. Ce prince ayant ensuite chassé, après plusieurs victoires, les Anglais de la majeure partie du royaume, commença à diminuer l'altération des monnaies. Les peuples, fatigués par les fréquents changements de la valeur des marcs d'or et d'argent, prièrent le roi d'accepter en dédommagement, pour l'avenir, une taille universelle pour les besoins de l'État, sauf les frais de fabrication de monnaies. Cet arrangement fut conclu aux États d'Or-

léans, en 1445, dans l'espoir que les troupes, étant
payées de leur solde, elles n'auraient plus de prétexte
de tourmenter le peuple par leurs vexations.

En effet, le prince mit un nouvel ordre dans la milice
française. Il établit en 1447 des compagnies d'ordonnance pour la cavalerie, composées d'un certain nombre de lances et de six hommes à cheval. Il forma aussi
des francs-archers pour l'infanterie; mais contre le vœu
de la nation, ces troupes devaient être nourries et entretenues par les provinces. La paie du gendarme fut
fixée à 30 francs par mois, pour lui et trois chevaux,
pour son page, apprenti d'armes, un gros valet, deux
archers et un coutelier à cheval. On jugea quelque
temps après qu'il était plus à propos que la solde des
francs-archers leur fût remise directement, et le roi
leur assigna 4 francs par mois. Chaque paroisse devait
fournir un franc-archer avec 4 francs de paie par mois
pour le temps de son service, et il était exempt de
toutes impositions royales.

On voit dans les comptes de la ville de Brive, pour
les années 1453 et suivantes, qu'on y levait trois sortes
de tailles : une pour le roi, une pour les gendarmes et
l'autre pour les besoins de la commune; dans la troisième taille étaient compris les gages et l'entretien de
quatre francs-archers.... La ville en fournit six dans
la suite et payait, sous Louis XI, neuf gendarmes.

Charles VII, après avoir entièrement chassé les
Anglais de la Normandie, résolut de les expulser aussi
de la Guienne. Il commença la conquête de cette province par la prise de Bergerac. Pendant le siége de
cette ville, une troupe de cavalerie écossaise était can-
tonnée à Brive. Le roi avait envoyé des commissaires
en Bas-Limousin pour ramasser des vivres nécessaires
à l'armée, durant le siége de Bordeaux. La ville de
Brive en envoyait par des bêtes de somme; ce qui lui

occasionna beaucoup d'embarras et de dépenses, vu surtout le mauvais état des routes. Bordeaux se rendit au comte de Dunois, en juin 1451, et les Anglais furent chassés de toutes les places qu'ils occupaient en Guienne. On observe que le monarque fut principalement redevable de sa couronne au zèle et aux talents du comte de Dunois ; il commandait dans Orléans en 1429, lorsque la célèbre Jeanne d'Arc, dite la *Pucelle d'Orléans*, se présenta pour en faire lever le siége aux Anglais, et gagner la bataille de Patay. Dès ce moment, les affaires de Charles VII prirent la tournure la plus heureuse. La Pucelle le fit sacrer à Reims, le 17 juillet 1429. Ce prince avait établi à Bourges, en 1438, la pragmatique-sanction pour modérer l'ambition de la Cour de Rome. Louis XI l'abolit en 1461, à la sollicitation du pape Pie II.

CHAPITRE XV

—

La peste ravage le Limousin et nécessite la réduction des rentes seigneuriales, pour engager le peuple à se charger de la culture des terres.

L'étonnante prospérité du règne de Charles VII, sous le point de vue militaire et de ses conquêtes, n'empêcha pas la France de se trouver malheureuse, entre autres par une calamité effroyable, la peste, qui se manifesta surtout en Limousin et ravagea cette province depuis 1452 jusqu'en 1455. Ce redoutable fléau avait commencé à se déclarer à Toulouse et dans le Languedoc en 1451. Il devint funeste surtout à la ville de Tulle. Brive en fut un peu moins affligée par les précautions qu'elle prit à ce sujet. Elle faisait garder exactement les portes pour empêcher toute communication avec les pestiférés errants ou domiciliés dans son voisinage. La paie de chaque garde était de vingt deniers par jour.

Les consuls de Brive obtinrent, en 1457, des lettres du roi pour continuer à percevoir un droit sur le vin, une gabelle sur les marchandises vendues dans la ville et le droit de barrage, trois objets spécifiés ci-dessus. La condition était que le produit de ces trois recettes serait employé à la réparation et à l'entretien des fortifications de la ville. Il en coûta vingt-trois écus pour obtenir les lettres du prince. Les impôts ne suffisant pas, les consuls y ajoutèrent de leur propre autorité une imposition directe de 299 francs. Les chanoines, les dominicains et les cordeliers furent obligés d'en payer leur quote part comme les autres citoyens.

Malgré tous les soins de Charles VII, dans les dernières années de son règne, pour remédier aux maux de l'État, suite d'une guerre de plus de cent ans et des ravages de la peste, la misère des peuples était extrême et les campagnes presque sans habitants. Le petit nombre de ceux-ci, abattu, découragé, cultivait à peine le champ absolument nécessaire pour sa misérable subsistance. La plupart de ces cultivateurs étaient descendus de la partie la plus montagneuse de la province. Ils s'étaient garantis du fléau de la guerre et de la peste, en se réfugiant dans des cavernes naturelles, ou creusées dans des rochers de difficile accès, où l'on ne pénétrait que par d'étroites ouvertures.

Il y avait tant de terres à défricher et si peu de bras pour l'entreprendre, que les seigneurs se virent forcés de les céder à des conditions fort inférieures à celles des anciennes reconnaissances. Ils se bornèrent, en général, à ne retenir que la huitième partie des fruits, au lieu de la moitié qu'ils se réservaient auparavant. Ils stipulèrent une partie en nature de grains et l'autre équivalente en argent; ce qui ne leur portait aucun préjudice pendant quelques années. Mais depuis la découverte de l'Amérique par Christophe Colomb, Gênois, en 1492, l'or et l'argent de ce nouveau monde portés abondamment en Europe, firent diminuer la proportion relative de la valeur de ces métaux avec les fruits de la terre et tous les autres objets de commerce. Par cet évènement imprévu, ce que les seigneurs fonciers perdirent d'un côté, les cultivateurs le gagnèrent de l'autre. Malgré la réduction progressive de la partie

des rentes stipulées en argent, on se rappelle combien
ces droits seigneuriaux, presque entièrement abolis par
suite de la dernière révolution, paraissaient onéreux
aux débiteurs et nuisaient même souvent à l'agriculture. La solidarité offrait aussi de grands inconvénients. Mais les seigneurs ne s'en croient pas moins en
droit de se plaindre de la privation d'une des plus
belles parties de leur héritage. Tel qui pense différem-
ment serait infailliblement de leur avis s'il s'était
trouvé à leur place. L'ancienne noblesse ne doit pas
perdre de vue que ses prérogatives lui avaient été
accordées dans le principe pour l'indemniser des frais
de la guerre qu'elle faisait alors à ses propres dépens ;
ce qui n'avait plus lieu depuis quelques siècles. Qu'il
est digne d'éloges, le citoyen généreux qui sacrifie de
bonne grâce ses intérêts personnels à l'avantage général de ses compatriotes ! La Providence le dédommagera
tôt ou tard de son sacrifice. Il partagera du moins les
bienfaits de la prospérité publique, à laquelle il aura
pu contribuer........ « *Sœpè premente Deo, fert Deus
alter opem.* » (Hor.)

CHAPITRE XVI

—

Entrée solennelle du roi Louis XI à Brive,
et ses suites.

Charles VII était décédé à Meun, en Berry, le 23 juillet 1461 ; son fils lui succéda sous le nom de Louis XI. Le caractère de ce prince, le plus rusé politique de son siècle, ses guerres presque continuelles, ses traités rompus de mauvaise foi, sa dévotion singulière envers la sainte Vierge, dont il avait toujours le médaillon sur le devant de son chapeau, et qu'il consultait familièrement afin d'autoriser ses actes de violence contre les princes et les grands de son royaume, etc., pourraient fournir ici matière à un chapitre curieux. Je n'ai tracé ce léger aperçu que pour donner quelque idée de l'influence que le règne de ce monarque dut avoir sur notre province. Il établit les postes par une extrême avidité, dit un auteur, de savoir tout ce qui se passait dans ses États.

Louis XI s'était rendu en Espagne en 1463, pour une entrevue avec le roi de Castille, sur la rivière de la Bidassoa. A son retour, il s'arrêta à Toulouse pendant le mois de juin et une partie du mois de juillet. S'étant remis en route, il passa par Villefranche de Rouergue et par Figeac, d'où il fut faire ses dévotions à Notre-Dame de Rocamadour, très-célèbre en ce temps-là, et vint coucher à Brive le 23 juillet 1463. Les consuls étaient alors Jean Prolhac, Jean Reynal, Guillaume Delon et Michel Polverel.

Ces magistrats, prévenus de la visite du roi, s'empressèrent de faire de grands préparatifs et de se procurer des provisions considérables pour rendre sa réception la plus brillante qu'il leur serait possible. La porte des Frères mineurs, par où Sa Majesté devait entrer dans la ville, et celle de Corrèze, par où il devait en sortir, furent décorées des armes de France, d'arcs-de-triomphe en feuillages, etc. Le maître d'hôtel, plusieurs officiers et membres du Conseil arrivèrent long-temps avant le roi, qui avait dîné à Martel. Les consuls. revêtus de leurs robes consulaires, et quarante des principaux habitants bien parés, partirent à cheval pour aller au-devant de Sa Majesté ; ils s'arrêtèrent à Nazareth, à deux lieues de Brive, parce qu'Elle leur avait fait dire de ne pas aller plus en avant.

Lorsque le roi parut, les consuls et leur cortége descendirent de cheval et se mirent à genoux. Le roi était monté sur une mule, ayant à ses côtés le duc de Berry son frère, le prince de Navarre. l'aîné du duc d'Alençon et autres seigneurs.... Derrière Sa Majesté étaient le vicomte de Turenne, l'évêque de Tulle et plusieurs seigneurs et notables du pays en grand nombre. Le roi étant arrivé vis-à-vis les consuls, il s'arrêta, et Prolhac, premier consul, le harangua selon l'esprit de ce siècle.

« *Sire, nous sommes vos très-humbles sujets, les consuls et habitants de votre ville Brive-la-Gaillarde ; que nous venons présenter à votre royale Majesté. Plaise à vous nous supporter en pitié, et prendre notre petitesse et pauvreté en gré. Nous vous apportons les clés de votre dite ville.* » Prolhac présenta ces clés. Le roi ordonna aux consuls et aux bourgeois de leur suite de se lever et leur dit :

« *Nous savons bien que, du temps de nos prédécesseurs, vous avez été bons et loyaux, et bien gardé la ville. Nous avons espérance que vous la garderez de même, au plai-*

sir de Dieu et de Notre-Dame. » Le roi leur fit l'honneur d'ôter son chapeau, et ajouta : « *Partons, mes amis, et nous en allons à la ville.* » Les consuls et les bourgeois montèrent à cheval et marchèrent devant le roi.

Il y avait alors un hermitage près de la ville, on y dressa une chapelle pour placer les reliques des églises, gardées par le prieur de Brive et les supérieurs des communautés religieuses en habits sacerdotaux. Les violons, les trompettes et un grand nombre d'enfants habillés de blanc, ayant des bonnets ornés de fleurs, tenant chacun à la main un écusson aux armes de France, étaient rangés en haie des deux côtés du chemin et criaient : *Noë! Noë! Vivo lou rey!* Venaient ensuite, rangés de même, les chanoines, les prêtres, les dominicains, les cordeliers, au son des cloches de la ville. Le roi descendit de sa mule, se mit à genoux et fit une courte prière devant les reliques ; il dit ensuite aux enfants de l'attendre afin d'entrer avec eux dans la ville, et remonta sur sa mule.

Les consuls, l'ayant précédé, se placèrent à pied à la porte des Frères, avec un riche dais orné de fleurs de lys, sous lequel le roi se mit en marche. Les rues étaient tapissées de draperies et de feuillages jusqu'à l'hôtel du consul Reynal où le roi devait loger. Dès qu'il y fut rendu, les gens du maître d'hôtel se saisirent du dais ; mais les consuls le rachetèrent à prix d'argent, beaucoup au-dessous de sa valeur.

Après que Sa Majesté se fut reposée, les consuls, admis à lui faire leur révérence, lui offrirent, selon les mœurs du temps, deux douzaines de gros flambeaux de cire, six douzaines de poulets, deux douzaines d'oies et autant de chapons, et six cents setiers d'avoine pour le grand nombre de chevaux de sa suite.

Le roi répondit aux consuls : « *Mes amis, je vous remercie de tout mon cœur de vos présents.* » Il entra dans une salle et parla au maître d'hôtel. Celui-ci revint dire aux consuls que Sa Majesté avait reçu leurs dons avec bonté, mais qu'elle les rendait à la ville et qu'elle en avait usé de même dans toutes celles où elle avait passé; ce qui mortifia d'abord les consuls.

Le lendemain, les consuls, suivis de quelques principaux habitants, allèrent présenter leurs hommages au duc de Berry, frère du roi. Ils lui exposèrent la pauvreté et nécessité de la ville, et le supplièrent de l'honorer de sa protection. Il accepta deux saumons offerts par les consuls et promit de rendre service à la ville.

Le 24 juillet, le roi et sa suite entendirent la messe dans l'église de Saint-Pierre, actuellement en face de celle du collége et vendue par le gouvernement. Après la messe, il toucha plusieurs malades des écrouelles, en vertu du pouvoir de les guérir qu'on attribuait aux rois de France. De retour en son hôtel, les consuls lui firent présent de deux saumons et de plusieurs autres beaux poissons qu'il accepta, (c'était un jour d'abstinence et de vigile.) Ce présent fut porté à Donzenac, où le roi dîna le même jour. Sa Majesté déclara en partant qu'elle était très-contente de la ville de Brive. Les princes et seigneurs de sa suite ne témoignèrent pas moins de satisfaction.

De Donzenac, Sa Majesté fut coucher à Uzerche, et de là à Limoges. Le sieur Prolhac, premier consul, eut l'honneur de l'y accompagner. Il en obtint des lettres-patentes, par lesquelles le roi ordonna que les assises du sénéchal du Limousin ne se tiendraient qu'à Brive et à Uzerche pour le Bas-Limousin, et non à Tulle, ainsi que le prétendaient les habitants de cette ville. Elles furent dressées, dit le registre de Brive, en telle forme que surent quatre licenciés de Limoges, sans néanmoins être signées et scellées pour lors. La ville députa à Amboise les sieurs Prolhac et Grammont, pour faire expédier ces lettres, signées et scellées du sceau de cire verte ; ce qui fut accordé près de Bonneval, sur la fin d'août 1463....

La santé de Louis XI s'affaiblissait de jour en jour. D'après sa grande réputation, il appela d'Italie Saint-François de Paule, fondateur de l'ordre des Minimes, dans l'espérance qu'il obtiendrait du Ciel sa guérison par ses prières, mais sa dernière heure était proche ; il expira à Plessis-les-Tours le 30 août 1483, âgé de 60 ans, entre les bras de François de Paule. Charles VIII, son fils, lui succéda.

CHAPITRE XVII

—

Impositions et levée de militaires aux xiv^e
et xve *siècles. — Vénalité des offices de
judicature. — Peste.*

La levée des impositions et des gens de guerre sera
toujours un objet de première importance pour les
peuples; elles furent si extraordinaires sous Louis XI,
Charles VIII, Louis XII et François Ier, qu'il est intéressant d'en réunir le tableau séparément, pour ce qui
concerne surtout la ville de Brive et le Limousin.

Le gouvernement ferme et sévère de Louis XI triom-
pha des ligues des princes et des grands, qui excitèrent
une guerre civile sous le prétexte du bien public et du
soulagement du peuple. C'est depuis son règne que
ses douze successeurs acquirent insensiblement ce
degré d'autorité royale, nécessaire pour maintenir la
justice, l'ordre et l'unité dans une vaste monarchie.
Quoique le souverain puisse quelquefois en abuser,
elle est préférable à l'espèce d'anarchie d'un gouvernement trop faible, pour prévenir ou réprimer les désordres publics.

Le roi adressait ses ordres au sénéchal de la province
pour l'augmentation des impositions; mais si l'augmentation portait sur la taille du roi et sur celle des
gendarmes, alors le Bas-Limousin s'assemblait par
députés pour convenir de la somme que chaque paroisse
devrait payer..... Les registres de la ville font mention d'une assemblée, nommée les Etats, en 1469. Les

nobles payaient la taille pour les biens roturiers dans la banlieue de Brive.... Les consuls faisaient la répartition des impôts de la paroisse, et donnaient 30 francs de gages au receveur.

Au mois de mars 1477, le roi envoya un commissaire à Brive, pour faire payer 5 sous à chaque cabaretier. Les consuls le défrayèrent pendant son séjour, et traitèrent avec lui pour tous les cabarets de la ville.... Indépendamment des francs-archers entretenus par la ville, le roi lui demanda, la même année, quinze hommes d'élite pour aller à la guerre; ils furent conduits à Donzenac et acceptés par le commissaire.... En 1479, on imposa une taxe pour tous les arts et métiers, pour la réparation de la ville d'Arras. M. le président de Chissé et M. de Saint-Chamans furent les commissaires du roi pour lever cette somme en Limousin. Ils arrivèrent à Brive le 23 mai. La ville leur fit des présents, et traita avec eux à la somme de 120 francs...

Louis XI, jugeant à propos de s'assurer de la fidélité des provinces voisines de la Guienne cédée à Charles, son frère, envoya en Limousin M. de Rochefort, président au parlement de Dijon, et depuis chancelier. Arrivé à Brive le 18 septembre 1471, il exigea des consuls la prestation d'un nouveau serment de fidélité au roi, et ordonna de réparer incessamment les murs de la ville. Il y fut défrayé durant son séjour par les habitants....... La peste commençait à se répandre dans le pays. Malgré le soin des consuls pour faire l'aumône aux passants, sans leur permettre d'entrer dans la ville, cette contagion y fit de grands ravages en 1478.

Louis XI étant mort, comme on l'a déjà observé, son fils et successeur Charles VIII supprima les francs-archers et leur substitua des piquiers. Les paroisses furent déchargées de leur équipement et de leur entretien, mais on augmenta la taille dite du roi, qui, avec celles pour les gendarmes et les besoins de la ville, montait à 600 francs. Louis XII, surnommé le père du peuple, augmenta cependant la taille du roi et celle des gendarmes, jusqu'à la somme de 686 livres 6 sous pour la ville de Brive.

Louis XII mourut sans postérité le 1er janvier 1515, et eut pour successeur au trône François Ier, duc d'Angoulême. Sous son règne, les impositions ordinaires furent portées jusqu'à 850 francs pour la ville de Brive. La totalité, pour le Limousin, était de 24,000 francs ; ainsi cette ville et la paroisse supportaient un peu plus du vingt-huitième de l'imposition générale de la province.

En 1543 et 1544, le roi fit deux emprunts dans toutes les villes closes du royaume. Le premier, pour Brive, fut de 70 francs et le second de 1,000 francs. Les consuls comprirent les prêtres dans le rôle de la répartition ; sur leur plainte, le jugement de la cause fut renvoyé au lieutenant particulier et civil de la ville de Sarlat. Sa sentence contradictoire ordonna que les prêtres, qui n'avaient d'autre bien que leur titre clérical, seraient exempts de l'imposition, mais que ceux qui avaient d'autres propriétés y seraient assujettis ; ce qui fut exécuté.

Au mois de septembre 1531, la Cour envoya des troupes en quartier d'hiver en Bas-Limousin, quoique cette province eût payé la somme de 2,000 francs pour n'y être pas assujettie : cet argent fut perdu. Brive avait compté 250 francs ou le huitième de la somme … On était obligé de fournir par jour une charge de bois par homme, cinq quintaux de paille par semaine, un quintal de foin par jour pour les chevaux et quatre mesures d'avoine.

Le goût de François Ier pour le luxe et les bâtiments.

pour les arts et les sciences, ses guerres imprudentes....
épuisèrent les finances durant son règne d'ailleurs
brillant. Il imagina, pour y suppléer, le système jusqu'alors inouï en Europe de la vénalité des offices de
judicature ; les tribunaux furent multipliés sans nécessité, afin d'enrichir le trésor.... Ce prince, choqué du
latin barbare en usage au barreau et chez les tabellions,
ordonna que les actes publics seraient désormais rédi-
gés en français. Il conclut, en 1516, avec le pape
Léon X, le fameux concordat concernant les affaires
ecclésiastiques, qui a réglé la discipline de l'Eglise
gallicane, jusqu'à la révolution de 1790,

Le pays fut encore affligé de la peste pendant sept ans.
depuis 1523 jusqu'à 1530. Le setier de froment valait
3 francs et celui de seigle 30 sous. La contagion ayant
cessé, l'abondance revint. Les gros bœufs ne se ven-
daient que 8 à 10 francs ; le setier de froment 28 sous.
et celui de seigle 21 sous ; le muids de vin 12 francs.
La peste ou peut-être une contagion épidémique presque aussi dangereuse, se manifesta en 1543 et dura
deux ans. Le siége sénéchal tenait ses assises dans les
lieux voisins de Brive, qui paraissaient les plus sains.
et plus à découvert que la ville, trop enfermée dans ses
murs entourés alors de fossés marécageux, pour en
défendre l'approche.... Le setier de froment valait
15 francs et le seigle 13 francs de notre monnaie actuelle, etc.
Nous voilà parvenus à la grande et malheu-reuse époque
des guerres de religion.

CHAPITRE XVIII

—

*Troubles de religion et guerres civiles à ce
sujet, aux* XVIe *et* XVIIe *siècles. — Guerre
des Huguenots en Limousin.... — Famine.*

La religion chrétienne tend évidemment à réunir
dans l'esprit de concorde et de charité fraternelle les
peuples qui ont le bonheur d'adopter ses dogmes
sublimes et sa morale divine, mais les passions humaines et les intérêts temporels opposés des princes et
des sujets, ont souvent cherché dans la religion des
prétextes funestes, pour autoriser les guerres les plus
sanglantes et les plus opiniâtres que l'on connaisse
dans l'histoire des nations. Le récit en a fourni matière
à une infinité de volumes de différents écrivains de
tous les partis. Je vais me borner aux détails principaux que j'ai pu recueillir, concernant la ville de
Brive et ses environs.

Depuis la guerre des Albigeois et la disparition des
dangereux sectaires de ce nom, dont j'ai esquissé le
tableau, les princes et les peuples des états catholiques
de l'Europe professaient de bonne foi la religion de
leurs ancêtres, lorsque Luther, en Allemagne et Calvin,
en France, au commencement du XVIe siècle, portèrent
le trouble dans l'Etat et dans l'Eglise, en attaquant
ses dogmes et la discipline en vigueur, en déclamant
contre le célibat religieux des deux sexes, en conseil-
lant le pillage des biens ecclésiastiques, la suppression

du sacrement de pénitence et des abstinences de piété,
etc. Ces fanatiques hérésiarques séduisirent, de gré ou
de force, grand nombre du peuple ; on vit des princes
français se servir de ce prétexte pour se révolter contre
leur souverain et fomenter la guerre civile.

Les Calvinistes, dits *Protestants* et *Huguenots*, acquirent moins de partisans dans le Limousin que dans
beaucoup d'autres provinces. La ville de Brive entre
autres n'en souffrait point dans son sein, mais les ducs
de Bouillon pervertirent la ville de Turenne et autres
lieux de la vicomté, jusqu'à ce qu'enfin l'impression
des effets désastreux de la prétendue réforme, les avantages de la religion catholique et la protection des
monarques eurent fait disparaître le calvinisme dans le
Bas-Limousin.

Durant les guerres de religion, commencées en 1560,
les protestants, divisés en plusieurs corps d'armée, se
tenaient principalement en force dans le Haut-Limousin ; tantôt agresseurs, tantôt attaqués par les catholiques, la victoire dans plusieurs combats fut alternative.
Les protestants avaient reçu des renforts d'Allemagne,
et les catholiques quelques régiments d'Italie et des
Etats du pape. Cette guerre de religion éclata plus tard
dans le Limousin que dans plusieurs autres provinces
de France, soit à cause des dispositions catholiques
des habitants, soit à cause des difficultés pour y faire
subsister les troupes. Il est même vraisemblable, que
sans l'apostasie et la révolte du duc de Bouillon, résidant alors à Turenne, le Bas-Limousin n'aurait guère
pris part à ces guerres civiles.

Après la bataille de Montcontour, gagnée en 1557
par le roi de Navarre, depuis Henri IV, et le prince de
Condé, partie de leurs troupes vint prendre du repos
et se rafraîchir, à Saint-Yrieix, Lubersac, Juillac,
Saint-Bonnet, etc. L'armée du roi Henri II, comman-

dée par son frère, séjourna quelque temps dans le
voisinage de Brive.

En 1575, le vicomte de Turenne, duc de Bouillon,
ayant ouvertement pris le parti des Huguenots, courait
le Périgord et le Limousin, pillant et ravageant tout
ce qu'il pouvait atteindre. Un autre chef des protestants, le sieur de Sédières, ayant échoué devant Limoges; se rendit maître d'Uzerche, surprit par trahison
Brive-la-Gaillarde, la désarma et la rançonna en se
retirant. La même année, le jeune Montferrant, zélé
huguenot, s'empara également de Périgueux, ayant
fait entrer un jour de foire grand nombre de soldats
déguisés en paysans, qui commirent toutes sortes
d'excès.

La ville d'Uzerche fut cédée aux calvinistes du Haut
et du Bas-Limousin, pour y faire le prêche et autres exercices de leur religion. On y fit la cène au mois d'août,
à laquelle plusieurs habitants de la ville de Limoges
et seigneurs du pays assistèrent joyeusement.

Le capitaine de Boissi se présenta pour le roi devant
le château de Turenne et fut reçu sans résistance.
MM. de Reignac et de Bassignac, qui commandaient
pour le vicomte, s'étaient retirés le matin. Peu de
jours après, le 20 novembre 1605, le roi Henri IV,
passant par Brive, arriva à Turenne bien accompagné.
Sa présence remplit tellement de terreur les rebelles
du pays, que plusieurs petites villes et seigneurs s'empressèrent de lui témoigner leur soumission. Le roi
reprit bientôt le chemin de Paris.

Vers le même temps, le capitaine Lobard, huguenot,
grand partisan de Raymond de Turenne, et à son
instigation, assiégea le château de Ségur et en démolit
la majeure partie. La chronique de Geoffroi, de l'abbaye de Vigeois, rapporte que Gui de Lastour, seigneur
de Pompadour, avec l'aide du comté de Périgord, fit

bâtir le bourg de Pompadour pour mieux défendre son château contre le vicomte de Ségur. L'annaliste du Limousin observe que les vicomtes de Pompadour florissaient dès l'an 1128, que cette illustre famille fut successivement revêtue des premiers emplois dans le militaire et dans le gouvernement des provinces, jusqu'à ce qu'elle s'éteignit sur la fin du dix-septième siècle.

Vers la même époque, le duc de Rohan fourrageait le Quercy. Il s'empara de la ville de Souillac, pour assurer le passage de la Dordogne aux partis des huguenots. L'alarme se répandit dans le pays et jusqu'à Brive, mais il ne paraît pas que cette expédition ait eu d'autres suites en Bas-Limousin.

Aux désordres de la guerre fomentée par les protestants, qui désolait la campagne et nuisait à l'agriculture, se joignit un autre fléau déplorable. La disette des vivres fut si générale dans le Limousin, qu'il mourut de faim, à Brive, environ deux mille personnes, en 1586, sans aucune contagion épidémique.

Malgré cette famine, les huguenots tenaient la campagne avec six cents hommes, commandés par le sieur de Chavagnat, lieutenant du vicomte de Turenne. Ce chef des rebelles entreprit le siége du fort château du Pescher, paroisse de Sérillac, arrondissement de Brive. Les consuls de Brive en donnèrent avis aux sénéchaux du Périgord et du Quercy et à plusieurs seigneurs du pays. Ils répondirent qu'ils viendraient incessamment avec leurs forces..... La ville de Brive envoya ses troupes au secours des assiégés, sous la conduite des sieurs Maillard et Léonard, consuls. Les seigneurs de Pompadour, de Gimel, de Marcillac, et un détachement de la ville de Tulle y étaient déjà arrivés. Les huguenots levèrent le siége et abandonnèrent leur artillerie.

M. d'Aubeterre, sénéchal du Périgord, arriva à Brive, quelques jours après, avec cinq cents chevaux et des fantassins. Les habitants de Brive l'engagèrent à faire le siége du fort de Voutezac. Ils fournirent les munitions de guerre et de bouche et un détachement commandé par Maillard, consul. La garnison, réduite à trente-cinq hommes, se rendit à discrétion. On en fusilla trente-quatre, et le fort fut rasé.

M. d'Authefort, lieutenant du roi en Limousin, vint à Brive vers la fin de juin 1587. Les huguenots, qui s'étaient retranchés dans le fort de Sainte-Ferréole, près Brive, l'abandonnèrent dans la crainte d'y être traités comme ceux de Voutezac. Le consul Maillard fut chargé de faire démolir le château.

Les calvinistes occupaient plusieurs autres châteaux dans le voisinage de Brive, entr'autres ceux de Lissac, de Beynat et de Puydenoix. M. d'Authefort résolut de les en chasser. Il masqua le château de Lissac, en plaçant des soldats dans la maison de M. Laporte et la garnison s'évada. Il emporta de force le château de Beynat et fit pendre ceux qui s'y trouvèrent. Les rebelles de Puydenoix, saisis d'effroi, se sauvèrent la nuit suivante et les forts furent démolis. Ces expéditions, aux dépens de Brive, lui coûtèrent des frais énormes pour une petite ville.

L'armée du roi, commandée par le duc de Joyeuse, ayant perdu la bataille de Coutras, le 20 octobre 1587, le duc de Bouillon, revenant victorieux de cette journée, forma le projet de conquêtes. Après avoir rançonné les villes et bourgs sur sa route, il s'arrêta à Sarlat pour en former le siége. Son armée, composée de cinq à six mille hommes d'infanterie et de neuf cents chevaux avec six canons, était commandée par grand nombre de gentilshommes calvinistes du Bas-Périgord.

La ville de Sarlat, au premier recensement, ne

compta que deux cents arquebusiers et trois cents autres habitants disponibles. Quelques nobles du voisinage et des volontaires s'y rendirent successivement.

Malgré la disproportion de ces forces avec celles de l'ennemi et le désavantage de la position de la ville entourée de collines, elle soutint courageusement le siége durant plusieurs jours. Une brèche considérable étant ouverte, le vicomte ordonna l'assaut, mais ses braves furent repoussés trois fois en un jour, avec grand nombre de tués et de blessés. Désespérant de prendre la place, il commença à déloger le 30 décembre 1587. La belle défense des Sarladais leur fit grand honneur et on les félicita de toutes parts. Cette ville tire son origine d'une ancienne abbaye de bénédictins, érigée en évêché par le pape Jean XXII, au XIVe siècle.

Les villes de Sarlat et de Brive ont entretenu, de temps immémorial, des rapports de confiance et d'amitié dans les affaires importantes d'administration. Pendant le siége dont on vient de parler, plusieurs bourgeois de la ville de Brive se joignirent à M. d'Authefort, gouverneur du Limousin, pour aller délivrer la place. Le vicomte commençait à se retirer lorsqu'ils approchèrent.

En 1399, Sarlat obtint des secours des villes du Bas-Limousin, et notamment de Brive, contre les agressions d'Archambaud, comte de Périgord, qui prétendait à la suzeraineté sur Sarlat, et qui aurait vraisemblablement traité, s'il avait pu, cette ville, comme les seigneurs de Malemort et de Turenne ont traité celle de Brive.

De leur côté, les chefs municipaux de Sarlat ont témoigné, dans l'occasion, leurs sentiments d'estime et de bienveillance à ceux de Brive, etc. Ces divers rapports entre ces deux villes m'ont été confirmés par une lettre obligeante d'un savant et digne magistrat de Sarlat.

Pendant le siége de cette ville, les habitants de Brive, prévenus que le duc de Bouillon se proposait de se venger sur eux de l'affront qu'il venait d'essuyer à Sarlat, se hâtèrent de prendre des mesures de sûreté. Les consuls employèrent les matériaux des couvents démolis, pour augmenter et réparer les fortifications de la ville. Ils détruisirent les moulins à poudre dans la plaine et se pourvurent des munitions nécessaires. Lorsque le duc de Bouillon se présenta avec une partie de son armée, il trouva la ville en si bon état et les habitants si bien déterminés à se défendre qu'il n'osa pas en entreprendre le siége et se rendit à Turenne.

De là, afin de pourvoir à sa table et de faire subsister sa troupe, il envoyait journellement des piquets pour piller et rançonner les campagnes voisines. De la part, disaient-ils, de M. de Bouillon, donnez-moi un veau, un mouton, une paire d'oies, un sac d'avoine, etc. — Je vous en ai donné depuis peu, répondait le paysan. — N'importe ! si vous refusez, j'ai ordre de mettre le feu à votre grange. — Les enfants, il y a soixante ans, faisaient encore un jeu, en dialogue, qui représentait énergiquement cet infâme brigandage.

Profitant de ces désordres et protégés par le duc de Bouillon, les huguenots s'étaient de nouveau rendus maîtres de Voutezac, de Sainte-Féréole, de Beynat et de Puydenoix, en se fortifiant dans les églises et dans quelques maisons favorables, d'où ils faisaient des courses et ravageaient le pays.

Malheureusement, M. de Lestang, lieutenant-général à Brive et faisant les fonctions d'intendant dans l'armée royale, s'était rendu à Brive au mois d'août précédent, pour diriger au siége de Castillon les troupes de M. d'Authefort, en sorte que le Bas-Limousin était dégarni de gens de guerre pour contenir les bandes calvinistes.

Le 7 du mois d'août 1588, M. d'Authefort, étant revenu à Brive avec MM. de Lignérac, de Thémines et autres gentilshommes, fut averti par un soldat que les capitaines Labrousse et Brach, commandant une troupe de cent vingt huguenots, avaient enlevé tous les bestiaux des environs d'Yssandon. M. d'Authefort monta à cheval avec une cinquantaine de cavaliers ; il joignit les brigands entre Larche et Lissac. Les deux capitaines furent tués dans le combat, ainsi que plusieurs de leurs compagnons. On fit trente-cinq prisonniers avec soixante-huit chevaux et tout le butin de la troupe. Le reste des soldats se sauva par la fuite.

Les protestants s'étaient saisis de Sarlat par ruse et furent bientôt chassés. Le sieur Vivans, leur chef, voulut y rentrer, mais les habitants le refusèrent... Les protestants, se voyant poursuivis, passèrent la Dordogne et prirent le chemin de Beaulieu, en Bas-Limousin, où ils occupaient quelques autres petites places ; ils tinrent une assemblée à Argentat, présidée par le vicomte de Turenne, afin de fomenter la division dans le pays, qui paraissait assez tranquille à cette époque.

Ce vicomte turbulent osa conspirer contre son roi et son bienfaiteur. Craignant d'en être puni, il se réfugia en Allemagne pour solliciter les princes de rompre avec Henri IV, tandis que le maréchal de Biron cherchait à soulever les huguenots, en tenant des assemblées secrètes de la noblesse du Limousin et du Quercy, distribuant de l'argent pour lever des troupes.... Henri IV, pour arrêter cette fermentation, se rendit dans le Bas-Limousin au mois d'août 1605, fit faire le procès aux rebelles, soumit tous les châteaux appartenant au vicomte et revint à Paris. La ville de Brive fut la première du pays qui s'empressa de lui témoigner sa soumission, malgré les intrigues des ligueurs et des protestants.

La conversion de Henri IV, qui le réconcilia avec presque tous les catholiques. son fameux édit de Nantes en 1593, si favorable aux protestants, l'affaiblissement de la ligue des princes, sous prétexte de religion, pour éloigner Henri du trône, le besoin de la France de jouir enfin de quelque repos.... tout semblait assurer la fin des guerres civiles. Mais les protestants, qui tendaient sans cesse à dominer et à changer le royaume en république, profitèrent des places fortes qu'on leur avait accordées et des secours des Anglais pour troubler la paix publique et se mettre en état de rébellion contre nos souverains. De là les siéges de Montauban et de La Rochelle, sous Louis XIII, la révocation de l'édit de Nantes par Louis XIV, en 1685, l'insurrection des montagnards des Cévennes sous Louis XV, et autres moindres évènements analogues, dont l'histoire ne peut entrer dans le plan de cet ouvrage.

Nous avons tout lieu de présumer que sous un gouvernement ferme et éclairé, que d'après le nouvel esprit de tolérance politique propagé dans l'Europe, les droits et les priviléges accordés aux protestants assimilés aux catholiques, la France ne sera plus déchirée à l'avenir par les désastres des guerres civiles de religion.

L'Angleterre est la seule puissance chrétienne de l'Europe qui continue à persécuter les catholiques et à les tenir dans une espèce de dure servitude, surtout dans le royaume d'Irlande, tandis qu'elle exhorte les princes du continent à tolérer et même à favoriser les religions séparées de la catholique. On compte environ six millions de catholiques dans les trois royaumes d'Angleterre; ils forment les trois quarts de la population en Irlande.

CHAPITRE XIX

—

De la Ligue. — De la tentative des ligueurs
pour s'emparer de Brive. — Notice sur la
Fronde. — Disette de vivres.

Les horreurs épouvantables de la guerre civile entre
les catholiques et les huguenots paraissaient bien ou
mal assoupies par l'édit de pacification de 1576, qui
accordait à ces derniers les plus grands avantages,
lorsqu'une nouvelle guerre, presque aussi désastreuse
entre les catholiques eux-mêmes, vint mettre le comble à la désolation du royaume. La mort du duc
d'Alençon, frère du roi, en 1584, rendait Henri de
Navarre, chef des huguenots, héritier présomptif de la
couronne de France, et les catholiques ne voulaient pas
absolument qu'il régnât. Cette opposition spécieuse fit
naître en 1586 trois partis dans l'Etat, qui provoquèrent
la guerre des trois Henri, celui des ligueurs, conduit par
Henri, duc de Guise, celui de Henri de Navarre,
depuis roi de France, et celui de Henri III, dit des
royalistes. Pendant cette guerre extraordinaire, une
partie de la France fut armée contre l'autre.

Outre le motif de religion et de la défense de l'Etat,
Henri III fournit un autre prétexte à la ligue contre
lui, par les dérèglements, les dissolutions et les folles
dépenses où l'engagèrent ses indignes favoris. Ce
prince, qui avait annoncé les plus brillantes qualités

dans sa jeunesse, se rendit suspect et méprisable à tous les partis, par sa superstition et toutes les feintes dévotions qu'il affectait sans cesse d'allier avec ses dérèglements, ses caprices et sa légèreté. Dans la position critique où il se trouva, il fut réduit à se réconcilier avec le duc de Guise, qu'il fit ensuite assassiner, et forcé d'avoir recours au roi de Navarre et aux protestants. Dès lors, les ligueurs, soutenus par les Espagnols, ne gardèrent plus de mesure : ils commirent mille indignités à Paris contre la personne du roi, et mirent à leur tête le duc de Mayenne, de la maison de Lorraine, à la place de son frère le duc de Guise.... Ainsi, les protestants lui firent la guerre comme à l'ennemi de leur secte, et les ligueurs le firent assassiner, en 1589, à cause de son union avec les protestants et avec le roi de Navarre, leur protecteur. Ce préliminaire, assez curieux pour ceux qui connaissent peu l'histoire, nous conduit naturellement, si je ne me trompe, aux entreprises des ligueurs en Limousin, et particulièrement contre la ville de Brive. Henri III. poursuivant les ligueurs, séjourna avec son armée pendant six semaines en Bas-Limousin, dont huit jours à Allassac.

« Le roi fit à Nemours, en 1585, un traité de paix, le plus avantageux aux ligueurs, et le plus capable de révolter les protestants. On dépouillait ceux-ci de tout ce qu'on leur avait accordé, et on accordait aux autres tout ce que des rebelles peuvent désirer.... » (Millot, *Histoire de France*.)

Le 1er septembre 1588, les consuls reçurent un ordre de Henri III, pour faire prêter à tous les habitants le serment de fidélité à la sainte ligue. L'ordre fut exécuté. On arrêta en maison commune, qu'on ferait une garde exacte de toutes parts pour conserver la ville sous l'obéissance du roi. On voit bien que cet ordre lui avait été arraché par le malheur des circonstances, contre les vues de son parti. Ce serment excluait de la couronne tout prince hérétique ou fauteur d'hérésiarques. Cependant, lorsque Henri IV se mit à même de soutenir ses droits après la mort tragique de Henri III, quoique calviniste, il fut bientôt reconnu pour légitime souverain à Brive et dans la province en général. La France ne pouvait désirer un roi plus digne de la gouverner et plus capable de réparer ses maux, s'il n'avait été assassiné comme son prédécesseur.

Le comte de Voulte, de la maison de Lévi-Ventadour, nommé gouverneur du Limousin par le feu roi en 1589. se déclara ouvertement pour Henri IV contre la ligue. Il emprunta des canons de Turenne et de Brive. forma un corps de troupes et se rendit maître successivement. en 1589, des châteaux de Sadroc, de Vigeois, de la Chapoulie et de plusieurs autres places et forts du Bas-Limousin, occupés par des seigneurs qui prétendaient les conserver pour la ligue ou pour leur propre compte.

Le 22 novembre 1589, la ville de Brive échappa. comme par miracle, au moment de tomber au pouvoir des ligueurs. MM. de Loin, de Rastignac, de Trasselsat et autres gentilshommes du Périgord, fort attachés au duc de Mayenne et au parti affaibli de la ligue. formèrent le projet de surprendre Brive, avec deux ou trois cents hommes déterminés. Ayant passé sur le pont de Terrasson et pillé le pays pour subsister, ils s'approchèrent sans bruit de la ville pendant la nuit du 22 au 23 novembre. La porte de Corrèze avait des ouvrages avancés, et une grosse tour joignant le pont. heureusement étroit alors, puisqu'il a été élargi deux fois depuis. Il y avait dans cette tour une cloche pour sonner l'alarme, et il fallait passer trois portes avant d'entrer dans la ville...

Les ligueurs, arrivés sans être aperçus, accrochent

le Pétard (1) à la première porte vers minuit, et la font briser en éclats. La sentinelle sonne la cloche, et fait couler la herse de fer. Les bourgeois, éveillés par ce signal et par l'explosion du Pétard, courent aux armes et se rendent avec les consuls sur le lieu de l'attaque. Malgré tous les efforts de l'ennemi, il est repoussé avec perte. Tous ceux qui étaient entrés sont massacrés ; les autres prennent la fuite : on les poursuit pendant demi-heure l'épée dans les reins ; la nuit empêche leur entière défaite.

Le lendemain, les consuls convoquèrent une assemblée à l'hôtel-de-ville : on arrêta qu'à l'avenir on irait, à pareil jour chaque année, en procession générale à la porte de Corrèze, les consuls en robe rouge, accompagnés par le clergé, et qu'on y chanterait le *Te Deum*. Cette pieuse cérémonie de reconnaissance envers le Tout-Puissant, n'a été interrompue que lors du désordre de la Révolution : elle a été reprise depuis ; mais il faut avouer que le danger qu'avait couru la ville d'être saccagée, ne faisant presque plus aujourd'hui de sensation, faute de zèle religieux et de vrai patriotisme, la procession, dite du *Pétard*, n'a plus rien de sa première solennité. Il en est de même de tous les vœux pies formés avec ardeur par nos ancêtres, lors de terribles événements dans plusieurs villes.

Depuis le coup de main manqué des ligueurs contre

______

(1) Le Pétard est un gros cylindre de trois à quatre pieds de long et d'un diamètre à volonté, rempli de poudre préparée, de mitraille et autres matières propres à une violente explosion, etc. Le roi de Navarre, général des huguenots, s'en servit le premier en 1580, au siége de Cahors. Ayant fait sauter une porte, il pénétra dans la ville et s'en rendit maître après huit jours de combat opiniâtre dans les rues. Les suites en furent horribles, surtout contre le clergé et les objets de religion.

(Note de l'Auteur.)

Brive, les archives de la ville n'en font plus mention ;
ce qui indique qu'ils ne parurent plus en force dans le
pays, excepté dans le château de Gimel. La ligue perdait de jour en jour ses partisans et son crédit. L'abju-
ration de Henri IV, dans l'église de Saint-Denis,
le 25 juillet 1593, porta le dernier coup à cette faction.
La fameuse satire Ménipée y contribua aussi en la
couvrant de ridicule. Les villes et les seigneurs catholiques, ne pouvant plus opposer au roi sa religion pro-
testante, s'empressèrent de lui témoigner leur obéissance. Enfin le pape Clément VIII, après bien des
difficultés suscitées par des ennemis de la paix, accorda
l'absolution, dont le monarque parut satisfait. Les
restes des ligueurs méprisés tentèrent, de loin en loin,
d'inutiles efforts, soit par vaine gloire, soit dans la
crainte d'être punis ; mais le cœur bon et généreux de
Henri les pardonna.

Anne de Lévi, duc de Ventadour, lieutenant du roi
dans le Limousin, se trouvant à Brive au mois de
novembre 1592, présida à l'élection des quatre consuls.
Elle se faisait, jusqu'à ces derniers temps, dans l'église
de Sainte-Catherine ou des pénitents bleus, après la
messe du Saint-Esprit, par seize électeurs choisis dans
les quatre quartiers de la ville... Le duc résida à Brive
jusqu'au 14 de mars ; en partant il y laissa une compagnie d'arquebusiers d'environ cinquante hommes,
moitié à cheval, commandés par le seigneur de Bas.

Au mois d'avril 1593, on publia à Brive, par ordre
du roi, une trève de trois ans. Cette nouvelle fit tant
de plaisir aux habitants, qu'ils firent une procession
générale, durant laquelle on porta le Saint-Sacrement,
avec la même solennité qu'à la Fête-Dieu. Le soir, illu-
mination et feu de joie, tant à cause de la trève que
de l'heureux retour du roi à la religion catholique.
Les consuls profitèrent du repos de la trève pour répa-

rer les fortifications de la ville. Ils se servirent des matériaux des couvents des Dominicains, des Cordeliers et de Sainte-Claire hors ville, déjà démolis, afin que les ennemis ne pussent s'y retrancher.

Madame la duchesse d'Angoulême fut nommée gouvernante du Limousin, à la place du duc de Ventadour, qui allait commander en Languedoc, et M. de Chambert, lieutenant-général, pour gouverner en l'absence de la duchesse. Ce seigneur se rendit à Brive avec M. de Thurmery, conseiller d'Etat. Il y convoqua tous les consuls des villes et les syndics des paroisses du Bas-Limousin. L'assemblée se tint dans la salle d'audience du présidial. M. de Chambert proposa de faire le siége du château de Gimel, et demanda une contribution à chaque ville et paroisse pour les frais de l'expédition. Brive offrit d'y contribuer pour quatre-vingt-un écus. Le château capitula, et un reste de ligueurs en fut chassé.

La disette des vivres devint très-affligeante en 1593 et 1594; le sétier de froment valut jusqu'à 10 livres 15 sous, ce qui représente plus de 28 francs de notre monnaie en 1810. A la suite de la famine, la peste fit de grands ravages en Limousin. J'ai cru devoir rappeler souvent le souvenir de ces calamités publiques consignées dans les archives de la ville, parce qu'il peut nous consoler dans nos peines, en nous faisant apprécier nos avantages modernes, comparés à la triste situation de nos ancêtres. C'est une des utiles leçons que le sage lecteur sait tirer de l'étude de l'histoire.

Malgré l'édit de Nantes de 1593, si favorable aux protestants, ils ne cessèrent point de tenter le sort des armes, par intervalles, durant les règnes de Louis XIII et de Louis XIV. On eut bien de la peine à se rendre maître de Montauban, de La Rochelle et de quelques autres places de sûreté qu'on leur avait accordées et dont ils abusaient. Dans le même temps, les cabales de la Fronde contre deux ministres, les cardinaux de Richelieu et Mazarin, dite la *faction de la Fronde*, la révolte des princes à ce sujet, les guerres continuelles de Louis XIV, devinrent de terribles fléaux pour la nation française. La ville de Brive et ses environs durent nécessairement en être la victime ; mais comme je ne trouve pas de faits importants et particuliers à cet égard dans le Bas-Limousin, les bornes de cet ouvrage ne me permettent pas d'en dire davantage.

Le duc de Bouillon, frère du prince de Turenne, résidant souvent dans la ville de ce nom, se montra un zélé partisan des princes de la Fronde ; mais on voit dans l'histoire que leurs faits d'armes et ceux des royalistes eurent lieu presque tous dans le nord de la France. « La Fronde disparut, observe un historien, dès que le roi fut rentré à Paris, en 1653. »

CHAPITRE XX

—

Des Tribunaux civils en général et des magistrats rendant la justice.

Dès que les hommes commencèrent à se réunir en société, les anciens pères de famille se trouvèrent naturellement les juges de leur postérité. Ces sociétés, devenues plus nombreuses et plus difficiles à gouverner, ne purent différer d'établir des chefs ou des magistrats, pour maintenir l'ordre public et concilier les différends qui s'élevaient entre les particuliers. La diversité des passions humaines, et l'opposition fréquente des intérêts privés, rendaient absolument nécessaires ces offices de judicature, sous telle forme que le degré de civilisation et l'esprit national durent la leur accorder.

En remontant aux premiers usages connus de la Gaule celtique, nous trouvons, comme il a été déjà observé, que les Druides réunissaient, en même temps, les fonctions de législateurs, de pontifes et de magistrats. Les pouvoirs et l'ascendant du collége des Druides étaient si étendus, sous les auspices de la religion, que le peuple n'avait pas besoin d'autres juges ou arbitres dans ses démêlés et ses prétentions réciproques.

Les Romains ayant conquis la Gaule, l'autorité des Druides ne put se maintenir. Les vainqueurs n'abolirent pas entièrement les usages de la contrée; mais

les lois romaines devinrent la règle générale de toutes
les administrations. Le préfet des Gaules était le chef
suprême de la justice. Ses vicaires et un président établis en chaque province, le suppléaient en première
instance. Les appellations des jugements du président
étaient dévolues au vicaire, et ensuite au préfet, qui
prononçait en dernier ressort.

Les Francs, s'étant rendus maîtres d'une grande partie de la Gaule au cinquième siècle, finirent successivement de s'emparer de tout le reste, en détruisant le
royaume des Visigoths de Toulouse et le gouvernement
des Romains. Ils mirent en vigueur leurs constitutions
germaniques, surtout pour ceux de leur nation; mais
comme ils ne pouvaient peupler toute la nouvelle
France, ils laissèrent subsister en beaucoup de lieux
les lois et les usages des Gaulois-Romains, modifiés
cependant par les leurs dans les circonstances les plus
importantes. De là vinrent les usages particuliers de
beaucoup de provinces, et la distinction reconnue jusque dans ces derniers temps, de pays de coutumes et de
pays de droit écrit fondé sur les lois romaines. Il paraît
assez difficile de bien fixer le mode légal employé pour
l'administration de la justice et la qualité des juges,
durant la première race et une partie de la seconde
des rois de France. Le droit du plus fort, et souvent
des arbitres officieux, choisis surtout dans le clergé,
tenaient lieu des tribunaux établis dans la suite.

L'histoire de ces temps d'ignorance et de confusion
des pouvoirs, nous prouve que l'autorité des monarques était fort précaire dans les provinces, hors des
domaines de la couronne, depuis le dixième siècle
jusque vers la fin du douzième. L'établissement des
communes, des baillis royaux et des sénéchaussées,
commencèrent alors à mettre plus d'ordre et de stabilité dans l'administration de la justice. Les comtes et

les vicomtes en étaient parfois chargés auparavant ; mais comme ils réunissaient les pouvoirs civils et militaires, qu'ils se trouvaient fréquemment obligés de joindre les armées en campagne, et qu'ils avaient d'ailleurs peu de connaissance et de pratique des lois, ils confiaient le soin de rendre la justice à des substituts temporaires.

A l'exemple des princes, les seigneurs, jaloux de leur autorité, s'empressèrent de nommer aussi dans leurs terres des baillis et même des sénéchaux qui se décorèrent du titre de *Cour de justice*. Les rois, toujours attentifs à modérer la puissance de leurs vassaux, firent adopter peu à peu la forme d'appel des sentences de leur *cour* aux *cours* des justices royales, ce qui diminua sensiblement l'importance des autres. Il faut pourtant remarquer que le bailli du seigneur ne jugeait point par lui-même dans le principe; il instruisait la procédure; les prud'hommes jugeaient en la présence ou absence du seigneur; alors le bailli prononçait le jugement, et recevait les droits judiciaires réservés au seigneur. Les baillis n'ont commencé à juger seuls et sans l'assistance des prud'hommes ou des pairs que dans le treizième siècle. Les pairs, comme l'indique le mot, étaient des citoyens de même rang et de même profession. Dans les derniers siècles de la monarchie française, la *Cour des pairs* était composée des plus grands seigneurs et de quelques archevêques ou évêques, qui jouissaient de cette prérogative éminente. Ils prenaient séance au Parlement de Paris, dans des circonstances extraordinaires. (1)

----

(1) Peu de personnes connaissent l'origine du mot de Cour, en latin *Curia*, et la singulière application qu'on en fait dans un sens figuré. Nos anciens monarques rendaient parfois la justice dans la cour de leur palais. C'est de là qu'on a introduit

Les grands seigneurs étaient d'autant plus puissants, qu'ils avaient d'autres seigneurs subordonnés à beaucoup d'égards. Ils convertirent les simples alleux en fiefs héréditaires en leur faveur, et y attachèrent une portion des droits de justice, haute, basse ou moyenne, qui flattaient tant de petits nobles des derniers temps. Il serait facile de donner de plus longs détails sur l'organisation générale et sur l'exercice des cours de justice ; mais peu de lecteurs y prendraient intérêt de nos jours. Il est cependant essentiel à l'histoire de notre province de donner un précis de la création de ses divers tribunaux et des longs démêlés qui en furent la suite, entre les trois villes principales du Bas-Limousin.

insensiblement l'usage de ces expressions extraordinaires : la Cour du roi, des pairs, du parlement.... Aller à la Cour ; faire sa Cour, Courtisant, etc. *(Note de l'Auteur.)*

CHAPITRE XXI

—

Des divers tribunaux de justice établis à Brive, à Tulle et à Uzerche. — Procès et contestations à ce sujet. — Remplacement des anciens tribunaux supprimés. — Peste et famine.

Le plus ancien tribunal de justice bien reconnu en Bas-Limousin fut un vicomte établi au neuvième siècle par le duc ou roi d'Aquitaine, alors possesseur du Limousin. Ce magistrat, ainsi qu'il a été déjà observé, réunissait les pouvoirs civils et militaires : il rendait la justice par lui-même ou par ses vicaires. Le premier de ces vicomtes se nommait Aymard Descals. Baluze rapporte qu'il prononça à Brive, en 898, un jugement au sujet de la propriété d'un alleu, dit *Verlhac*. Il paraît qu'il était assisté de dix assesseurs et d'un chancelier. Le second vicomte fut un Bernard de Turenne, après le décès du premier, en 940. Le troisième, Ebles de Comborn, fils d'Archambaud de Turenne, etc.

M. l'abbé d'Espagnac, très-versé dans les matières féodales, prouve fort au long que le Bas-Limousin était distribué en vicairies sous des vicomtes, dans lesquelles étaient enclavées les terres de ceux qui, dans la suite, se rendirent les seuls seigneurs de la province, et que le roi seul y faisait exercer la justice. Baluze donne le nom des chefs-lieux de ces dix vicairies, dont Brive est le principal. Les terres de Malemort et de Turenne n'étaient proprement alors que des alleux, sans les droits de justice, qu'ils usurpèrent ensuite dans la ville de Brive. En 889, le roi, en confirmant à l'abbaye de Beaulieu toutes ses possessions dans le Limousin, interdit aux comtes et à tous autres juges d'y tenir des assises, et d'exiger les droits attachés à l'exercice de la justice. Les seigneurs de Turenne n'avaient donc pas encore la justice dans leurs domaines. Le roi Louis IV, dit d'*Outre-mer*, accorda le même privilége exclusif à l'abbaye de Tulle, vers 940, de faire exercer la justice dans ses possessions....

Il est vrai que l'autorité des rois devint peu considérable dans les provinces, depuis la fin du dixième siècle jusqu'à la fin du douzième, comme il a été déjà observé, surtout dans le Limousin; ce qui mit une grande confusion dans l'exercice de la justice. On voit par une sentence du mois de novembre 1211, que les seigneurs de Brive devaient juger les affaires avec le conseil des prud'hommes de la ville, et que les consuls assistaient à la rédaction des enquêtes et des jugements. Le roi saint Louis, devenu souverain immédiat du Périgord, d'une partie du Quercy et du Limousin, établit en 1243 un sénéchal résidant à Cahors. La chronique de saint Martial observe qu'on n'avait aucune notion que nos rois eussent auparavant envoyé un officier revêtu de pareille autorité.... Le baillage, dont la ville de Brive était le chef-lieu, demeura uni à la sénéchaussée du Quercy, jusqu'à ce que Charles V le transféra à la sénéchaussée du Limousin, en 1273.

Les consuls de Brive jouissaient alors du droit de police et de voirie dans la ville et sa banlieue. Leur autorité s'étendait jusque sur les officiers royaux. On trouve en effet dans ses archives une procédure instruite par les quatre consuls en l'année 1628, par laquelle procès fut fait et parfait criminellement à un conseiller de l'élection, accusé de maltôte, quoiqu'il protestât qu'en vertu de sa charge il n'était pas justi-

ciable des consuls. Après avoir joui de ces priviléges
pendant six cents ans, les consuls en furent privés par
l'édit de Louis XIV, qui retirait la police et la voirie
des mains des magistrats des villes, hors d'état de
payer finance pour la conserver. Le roi confia cette
charge à des lieutenants généraux de police, qui la
payèrent pour subvenir aux besoins du trésor public.

Le baillage ou sénéchaussée de Brive fut établi vers
le milieu du treizième siècle, puisque nos archives
rapportent plusieurs comptes rendus dans ce temps-là
par le bailli royal, des produits de la sénéchaussée, que
je ne crois pas nécessaire de transcrire. Le ressort de
ce baillage comprenait tout le Bas-Limousin, lors
même qu'il était annexé à la sénéchaussée du Quercy
et du Périgord pendant les années 1333 et suivantes;
le sénéchal du Quercy tint plusieurs assises dans la
ville de Brive, et invita les consuls à y assister.

La grande étendue du baillage de Brive donna lieu
à son démembrement..... Les lieutenants généraux du
sénéchal de cette ville allaient parfois, durant l'année,
pour la commodité publique, tenir des assises dans la
ville d'Uzerche, éloignée de Brive d'une journée de
chemin. Cet usage ayant continué durant les quatorzième, quinzième et seizième siècles, les lieutenants-
généraux se qualifièrent de lieutenants-généraux de
Brive et d'Uzerche, quoiqu'il n'y eût point de baillage
distinct pour Uzerche. C'est néanmoins sur ce fondement que François Ier, multipliant partout les judica-
tures, afin d'en retirer des finances, sépara le baillage
d'Uzerche de celui de Brive. Il y eut un grand procès
à ce sujet entre les deux villes en 1540, 1542 et 1543,
qui coûta de grandes sommes à Brive, disent ses
archives. Le siége d'Uzerche fut supprimé par Henri II ;
mais les habitants de cette ville réussirent à prix d'ar-

gent à le faire rétablir, et il a été maintenu jusqu'à la dernière révolution.

L'abbaye de Tulle, que Baluze estime avoir été fondée au septième siècle, a donné lieu à la formation d'une ville encore peu considérable au treizième. L'abbé était seul haut justicier, comme il fut jugé par arrêt du Parlement de 1270. L'appel des sentences du juge de Tulle était porté au baillage de Brive jusqu'au commencement du seizième siècle. Il est vrai que le lieutenant-général du sénéchal de Brive avait tenu auparavant des assises à Tulle pour obliger ses justiciables. Fondés sur ces exemples en petit nombre, messieurs de Tulle prétendirent que le lieutenant-général de Brive devait tenir également ses assises dans leur ville; mais Louis XI, par ses lettres-patentes de 1463, ordonna que les assises ne se tiendraient qu'à Brive et à Uzerche (1).

Les habitants de Tulle abandonnèrent leur prétention pour le moment, mais ils portèrent ensuite leurs vues plus loin, en profitant de l'avidité de François Ier, pour obtenir de l'argent en créant de nouvelles charges. Ils lui offrirent quatre mille francs, somme alors considérable, pour l'érection d'un nouveau baillage dans leur ville. Les lettres-patentes furent accordées..... Les Brivistes ne purent apprendre qu'avec douleur l'établissement de ce nouveau siége sénéchal, contraire à leur ancienne possession et au bien public, à cause de la considération que perdait leur tribunal par le morcellement de son ressort.

---

(1) C'est à la suite de son passage à Brive que le roi Louis XI, sur la demande des consuls de cette ville, signa ces lettres-patentes, datées d'août 1463, « à Alluye, près Bonneval. »

(Note de l'Éditeur.)

La peste qui ravagea le pays en 1523, 1526 et 1530, et qui se renouvela en 1543, et la famine qui en fut la suite ordinaire... empêchèrent les habitants de Brive de poursuivre le rétablissement entier de leur ancien baillage, mais après la cessation de ces calamités publiques, ils s'en occupèrent avec succès. Henri II, eu 1552, supprima le siége sénéchal de Tulle, et créa en même temps un siége présidial à Brive pour tout le Bas-Limousin, moyennant dix-huit mille francs, sans compter ce qu'il en coûta d'ailleurs pour négocier à la Cour.

Les Brivistes, jaloux de nos avantages, dit plaisamment Baluze, mirent tout en œuvre pour les faire révoquer, et outre l'argent accordé au roi, ils donnèrent à Tulle en dédommagement de la suppression de leur siège, la somme de 7,990 francs. Il était cependant fort naturel que les Brivistes employassent, afin de recouvrer leurs anciens privilèges, les mêmes moyens employés par les Tullistes pour les en dépouiller sans motifs suffisants. Soutenus par le vicomte de Turenne, ennemi déclaré de Brive, et par le connétable de Montmorency, les Tullistes obtinrent des lettres patentes du roi en 1558... versèrent 15,000 livres dans le trésor royal, et promirent, en indemnité à la ville de Brive, la somme de 18,126 livres dix sous. Ils payèrent d'abord six mille livres ; mais rien n'annonce que le reste de la somme ait été acquitté.

Le siège présidial établi à Brive l'an 1552, avait un ressort fort étendu, puisqu'il; comprenait quatre-vingt-dix-huit paroisses de la sénéchaussée de Brive, vingt de celle d'Uzerche, quatre de celle de St-Yrieix dans le Haut-Limousin, et trente sept de celle de Martel en Quercy ; en total cent cinquante neuf paroisses, la plupart situées dans le pays de la province le mieux peuplé et le plus fertile en toute espèce de productions. Duchesne, *(Antiquité des villes de France)*, dit à cette occasion, que si Tulle se vante de son évêché, Brive peut aussi se vanter de son présidial, le plus ancien tribunal et le plus considérable de la Guienne, après le parlement de Bordeaux érigé au quatorzième siècle.

La ville de Tulle, toujours jalouse des avantages de celle de Brive, et sous le prétexte du service public, employa son crédit et son argent pour faire partager le présidial en sa faveur, comme elle avait fait à l'égard de la sénéchaussée. Louis XIII refusa de démembrer le siége présidial de Brive, durant la vie de M. Dumas, son premier président, par la haute considération qu'il avait pour cet illustre magistrat (Voyez sa notice, chap. xxviii) ; mais après sa mort, le monarque cédant aux instances réitérées des agents de Tulle, leur accorda une cour présidiale en 1637. Afin néanmoins de conserver une sorte de prééminence à celle de Brive, comme la mère, il fut réglé que ses officiers porteraient la robe rouge dans les cérémonies publiques. Ce privilège honorifique n'était accordé qu'à un petit nombre de présidiaux des plus considérables, et jamais dans les villes ayant des cours supérieures. Le lieutenant-général et le procureur du roi du siège de Tulle jouissaient seuls de cette distinction, peu importante en elle-même, et que les circonstances ont néanmoins dû faire remarquer.

Quant aux établissements sous le nom d'Élections, composés d'officiers en titre et payant finance, à peuprès comme dans les sénéchaussées, il y avait anciennement dans chaque province un ou deux juges, pour décider en première instance les procès survenus au sujet des impositions, sauf l'appel aux cours des aides. Les premiers juges, nommés élus, commencèrent à tenir un certain rang sous le règne de roi Jean au

quatorzième siècle. L'élu pour le Bas-Limousin, résidait ordinairement à Tulle, avec un receveur de ses
recouvrements. On a vu dans ce chapitre une sentence rendue par les consuls de Brive, en 1628, contre
un conseiller à l'élection.... Ce tribunal avait donc
alors été partagé entre Tulle et Brive.

Les élections n'étaient point établies dans les provinces nommées pays d'état, qui s'imposaient elles-
mêmes, comme le clergé, d'après la demande du roi.
Le royaume, dans les derniers temps, comptait vingt-
six généralités de la juridiction des trésoriers de France,
avec un commissaire ou intendant... De ces vingt-six
généralités, vingt étaient divisées et subdivisées en
élections, et six sans élection. Celles de Limoges, de
Tulle et de Brive, les seules du Limousin, ressortaient
au Conseil supérieur, ou Cour des aides de Clermont
en Auvergne.

Le quatrième tribunal était celui du prévôt de la
maréchaussée des maréchaux de France, créé par un
édit de 1720. Les prévôts jugeaient, en premier et
dernier ressort, les affaires criminelles de leur compé-
tence, conjointement avec des officiers du présidial ou
du sénéchal ; mais le jugement était prononcé au nom
des prévôts et exécuté promptement.

Le cinquième tribunal était celui du juge ordinaire,
nommé par le roi dans certaines paroisses, ou par les
seigneurs dans les terres, où ils jouissaient des trois
degrés de justice. Ce juge était élu à Brive par une
assemblée de ville, concurremment avec les seigneurs
de Malemort et de Turenne, et depuis 1738, avec les
ducs de Noailles leurs successeurs.

Enfin le sixième tribunal, appelé de l'Officialité,
était occupé par un official ecclésiastique, institué par
l'évêque diocésain, avec un promoteur et un greffier...
L'official jugeait en première instance des affaires

contentieuses entre ecclésiastiques et entre ecclésiastiques et laïques, sauf l'appel aux sénéchaux, présidiaux
ou parlements... Il renvoyait à ces derniers les affaires criminelles ; il ordonnait seulement, selon les cas,
l'emprisonnement, la saisie du temporel des clercs,
etc... On pourrait encore mettre au nombre des tribu-
bunaux, l'administration forestière pour tout le Limousin, une partie de l'Angoumois et du Quercy,
établie à Brive, par un édit de 1756. Elle a été trans-
férée depuis peu à Limoges.

REMPLACEMENT DES ANCIENS TRIBUNAUX A BRIVE

Les anciennes administrations publiques, ayant été
supprimées successivement depuis 1790, le Gouvernement a formé de nouveaux corps pour les remplacer. En conséquence, la ville de Brive jouit en 1810,
d'une sous-préfecture, d'un tribunal de première instance, composé d'un président, de trois juges, de trois
suppléants, d'un procureur-impérial et d'un greffier.
Il ressort de la Cour d'appel séant à Limoges ; et pour
le criminel de la Cour séant à Tulle. Le Préfet du
département de la Corrèze réside à Tulle.

A la place des Échevins, la municipalité comprend
un maire, deux adjoints, un commissaire de police et
deux secrétaires. Ces officiers municipaux tiennent
leurs séances à l'hôtel de ville. Ils sont chargés de la
publication de certaines lois et règlements nouveaux,
du logement des troupes, des réjouissances et des
fêtes nationales, des registres pour les naissances, les
mariages, les décès, les passe-ports des voyageurs, etc.

L'arrondissement de Brive comprend dix cantons de
justice de paix, et cent une communes, sur lesquelles
s'étend en même temps le ressort de la sous-préfecture et du tribunal. Il y a pour la ville un juge de
paix et un percepteur, ou receveur à vie des imposi-

tions. Le lecteur judicieux et impartial peut juger, par comparaison des objets de ce chapitre, ce que la ville de Brive a perdu ou gagné dans ses nouveaux établissements civils. Dans le même dessein, je vais exposer les deux tableaux correspondants des fondations et des établissements ecclésiastiques.

CHAPITRE XXII.

—

Des fondations et établissements ecclésias-
tiques dans la ville de Brive et dans le
Bas-Limousin.

J'ai déjà indiqué (chapitre IV) la basilique de
St-Martin construite au commencement du cinquième
siècle sur les ruines du temple de Priape, l'incendie
qui la consuma au sixième, sa restauration bientôt
après par saint Ferréol évêque de Limoges... le monas·
tère fondé par saint Aoust vers la même époque, et
détruit ensuite par les Normands, l'église de St-Libéral
au dixième siècle (chapitre XXVI). Il est vraisemblable qu'un certain nombre de religieux de St-Aoust
se réunit dans la basilique de St-Martin aux prêtres
séculiers qui la desservaient, sans former précisément
encore une communauté régulière.

Ce n'est donc que vers le commencement du treizième siècle que fut organisé le monastère, dit alors *le*
Moustier, qui prit dans la suite le titre de collégiale et
de chapitre régulier, sous la règle de saint Augustin. Il
ne fut sécularisé canoniquement, par une bulle du
pape, qu'en 1753, quoique les chanoines se fussent
retirés depuis longtemps dans leurs familles, et qu'ils
jouissent des prérogatives de chanoines séculiers.

L'enclos du monastère était vaste et suppose un
grand nombre de religieux, puisqu'il comprenait le
jardin joignant le nord de l'église, transformé après
en cimetière public, et en dernier lieu en place des
marchés, la maison communé d'aujourd'hui, plusieurs

édifices et jardins contigus jusqu'à la place du Civoire, etc.

Les seigneurs de Turenne contribuèrent à la dotation de ce monastère, conjointemet avec la ville. Justel
rapporte un acte du mois de septembre 1235, par
lequel « Raymond V, vicomte de Turenne, du consentement de son beau-père, baron de Malemort, et
de l'agrément de son épouse, héritière unique dudit
baron, engage à Guy Malafei et au couvent de l'église
de Brive, tout droit de servitude et de jouissance que
lui et son épouse avaient ou pouvaient avoir dans les
manses, les terres de ladite église, ses colons et habitants... » Il n'est point parlé des dîmes que le clergé
possédait sans doute de droit commun.

Le chef du chapitre était un prieur royal, ayant
sous lui un grand chantre, dix chanoines, six sémi-
prébendés, un maître de musique, etc. Le curé de
Dampniac, près de Brive, avait le titre d'archiprêtre
et le second rang au chœur, mais sans portion cano-
niale. Le prieur nommait à toutes les places, aux ca-
nonicats de Noailles et à plusieurs cures du voisinage.
Il était seigneur dans un petit contour du monastère,
et avait son juge particulier..... Malgré les dons du
vicomte de Turenne et autres, quelques chapelenies,
les obits et le casuel, le revenu des chanoines n'était
évalué que de 7 à 800 francs ; celui des prébendés et
du maître de musique à moitié.

Cette modicité engagea M. de Coëtlosquet, évêque
de Limoges, à obtenir des lettres patentes en 1746,
pour réunir au chapitre de Brive celui des chanoines
réguliers du Port-Dieu, près d'Ussel, au nord de Tulle ;
ce qui augmenta d'environ un tiers le revenu du chapitre de Brive. Le prieur renonça à ce qu'il pouvait
exiger, moyennant quelques petites charges envers son
chapitre dont il fut libéré. Sa manse valait de 3 à

4,000 fr. avec un vaste logement. Les deux curés de la ville, de St-Martin et de St-Sernin, avaient le rang et la portion des chanoines, etc.

Ce qui prouve que ce chapitre ne fut bien établi et logé dans une maison commune, selon l'usage général même des chanoines des cathédrales, qu'au treizième siècle, c'est que toutes les inscriptions et épitaphes gravées sur des pierres du cloître datent de cette époque : elles furent affichées dans la première ferveur des chanoines qui négligèrent de les multiplier dans la suite. La plupart étaient en latin et en mauvaise versification. Je crois devoir en transcrire une en patois du pays, pour faire juger du changement postérieur de ce langage.

> *Naimars Delpots bourgés de Brivá,*
> *Chanorgues é fraire de la maiso*
> *De sains, j'ai aici sots a questa tomba,*
> *É quer amor de Dieus, à tots a queus*
> *Que per aisi passeran, que sé*
> *Achapto merce am nostre Senhor.*
> *É que diso la oraso el pater noster,*
> *Que Dieus l'absolvat el perdo.*
>
> *Amen.*

Obiit XVII Kal. Junii, anno MCCLXV. (13 mai 1265.)

DOMINICAINS

Le couvent des Dominicains, dits frères Prédicateurs, date de 1261, quarante ans après l'institution de St-Dominique. Hugues, de la famille des seigneurs de Malemort, religieux de cet ordre et ensuite cardinal, en fut le fondateur. Les bâtiments et l'église, situés près des remparts de la ville, étaient vastes et dignes de la munificence du cardinal. Lorsqu'ils furent presque entièrement démolis en 1587, par ordre du gouverneur du Limousin et de l'avis des consuls, afin

d'empêcher les ennemis de s'y retrancher, les maté-,
riaux servirent à augmenter et à réparer les fortifications de la ville. On céda provisoirement aux Domi-
nicains·l'église de St-Libéral et quelques maisons
adjacentes, où ils continuèrent de vivre en communauté régulière.... Lorsqu'ils eurent rétabli, en partie,
leur ancien couvent vers 1626, la ville demanda la
rétrocession des bâtiments qu'elle leur avait accordés,
mais ils exigèrent en indemnité de la démolition de
leur couvent trente mille livres, et comme on n'avait
ni l'envie ni les moyens de payer cette somme, les
religieux continuèrent de jouir comme auparavant.
Chaque nouveau curé de St-Martin tentait inutile-
ment de reprendre possession de l'église de St-Libéral,
église paroissiale primitive, etc. Monsieur le duc de
Noailles s'empara par autorité, vers 1756, du cimetière joignant le nord de l'église, et le vendit à condition d'y construire des maisons qui existent sur le
local, etc.

CORDELIERS

Les frères mineurs de St-François, dits Cordeliers,
furent établis au midi et près de la ville, par les
vicomtes de Turenne, quelques années après les dominicains. Ils avaient un vaste enclos, dont une petite
partie sert aujourd'hui de cimetière : l'église et
le couvent furent démolis par les mêmes motifs et
à la même époque que celui des dominicains. La ville
logea les religieux dans le voisinage de l'église de
St-Pierre, et depuis des pénitents-blancs, où ils
faisaient les offices. Ayant fait réparer leur couvent au
dix-septième siècle, ils s'y retirèrent plus généreusement que les dominicains, et sans demander aucune
indemnité à la ville.

Les cordeliers avaient depuis longtemps acheté successivement quelques terrains, au lieu nommé ensuite St-Antoine, très-propre à placer un hermitage vraiment pittoresque, à un quart de lieue au midi de Brive. On prétend que saint Antoine de Padoue, gardien de la communauté de la ville, au treizième siècle, s'y retirait de temps en temps, pour vivre plus parfaitement dans la retraite, et *Ading*, n° 22, confirme cette tradition populaire. La chapelle, dédiée sous son nom, devint bientôt célèbre dans le pays. Un grand concours de fidèles s'y rendit chaque année, surtout dans les mois d'août et de septembre, pour acquitter ses vœux et déposer ses offrandes... Cette dévotion se soutient encore, quoiqu'on ne fasse aucun office dans la chapelle, parce qu'un laïc en est devenu seul propriétaire durant la révolution, etc. etc. (1)

CLAIRISTES

Le monastère des religieuses de Ste-Claire était situé près la porte des Sœurs, d'où elle a tiré son nom. Comme il pouvait servir de poste à l'ennemi, hors des remparts de la ville, il fut rasé à la même époque, et pour les mêmes raisons que les deux précédents. Les religieuses furent placées dans l'intérieur de la ville. La nouvelle rue de Sainte-Claire traverse l'ancienne église, et le reste des bâtiments a été vendu à divers particuliers, ainsi que leurs autres possessions. Les billets de banque sous la minorité de Louis XV, ayant fort dérangé la fortune des clairistes, une lettre de cachet leur défendit de recevoir des novices jusqu'à nouvel ordre. Elles subsistèrent dans cet état pendant

---

(1) La chapelle de St-Antoine, près Brive, a été rendue au culte en 1876 ; elle est desservie par des religieux de l'ordre de St-François.   (*Note de l'Éditeur.*)

près de quarante ans, jusqu'à leur réunion à l'abbaye des dames bénédictines de Bonne-Saigne, jadis située proche de la ville d'Ussel au nord de Tulle. L'abbesse et ses religieuses vinrent s'établir à Brive en 1759, en vertu de lettres patentes, etc. Le premier titre de fondation du monastère des religieuses de Ste-Claire, à la porte des Sœurs, a disparu ; mais quelques indices annoncent que les fondateurs sont les vicomtes de Turenne, et que la ville fournit l'emplacement.

RECOLLETS

Les religieux réformés de l'ordre de Saint-François, dits Recollets, s'établirent à Brive aux dépens de la ville, et par la libéralité des habitants. M. de la Renaudie, d'une ancienne famille noble, céda quelques maisons. M. de la Marthonie, évêque de Limoges, posa la première pierre de la belle église en 1613. Cette communauté fort régulière rendait de grands services dans la ville et dans les campagnes voisines. Quand on examine l'étendue de l'enclos du couvent, actuellement vendu à un particulier, on est étonné des dépenses énormes que dût coûter la construction des bâtiments, et de la pieuse générosité des fidèles pour y contribuer. L'arrondissement entier de la ville de Brive ne se croirait pas en état aujourd'hui d'entreprendre une pareille fondation.

URSULINES

La communauté des religieuses de Ste-Ursule, fut établie en 1607 par M. de Lestang, illustre citoyen de Brive. (Voyez sa notice chap. XXVI.) La ville y contribua pour une partie. Les bâtiments servent aujourd'hui de caserne pour les gendarmes, de maison de réclusion, et l'église de salle de comédie.

Lorsque le Gouvernement a jugé à propos de réta-

blir cette congrégation pour l'éducation de la jeunesse
du sexe, l'Empereur a cédé gracieusement aux dames
de Ste-Ursule de Brive l'enclos et le beau couvent
des Cordeliers, heureusement invendu... Ces religieuses y ont été installées en 1809, avec pompe, par
M. l'évêque de Limoges et les autorités constituées.
Elles tiennent pensionnat et école publique, comme
dans leur premier domicile ; tout annonce qu'elles s'y
rendront également utiles à la société, et continueront
de l'édifier par leurs vertus.

CARMÉLITES

Sainte Thérèse ayant institué en Espagne, vers
1660, l'austère réforme des Carmes, sous le nom de
Carmes Deschaux des deux sexes, le zèle des Brivistes
ne tarda pas à solliciter un de ces établissements. Le
couvent fut renfermé, près la porte de Barbecane, dans
le quartier de la ville, nommé encore des Carmélites.
Les religieuses venues de Limoges en prirent possession en 1663. L'abbé de Gramond leur supérieur bénit
la chapelle, et le prieur de Brive y porta en procession
solennelle le St-Sacrement... Par cela même que je
n'ai pu découvrir le nom du fondateur, il y a apparence
qu'il faut l'attribuer aux habitants de Brive en général.
Cependant la misère du temps, jointe au refroidisse-
ment de la charité des fidèles, rendirent insuffisante
la dotation du monastère. On fut obligé en 1692 de
transférer les religieuses à Limoges, et de les réunir
aux Carmélites de cette ville. On leur laissa la jouissance de leurs immeubles, qu'elles ont été autorisées
à vendre dans la suite.

CONFRÉRIES DE PÉNITENTS

L'institution singulière des confréries de pénitents,
qu'on a souvent traitées de ridicules, ne laissait pas

d'avoir ses avantages pour entretenir la pompe du culte et la piété de ceux qui s'y agrégeaient de bonne foi et pour procurer des secours spirituels et temporels aux confrères des deux sexes, surtout dans les maladies. Ces confréries abolies durant la révolution, se rétablissent en plusieurs endroits, malgré les préjugés du siècle.

La première confrérie fut établie à Paris par Henri III en 1583. Le roi, le parlement, le corps de ville, les princes et les seigneurs de la cour, revêtus du sac de l'ordre, assistèrent à une procession générale, etc.

Il y avait à Brive trois de ces confréries, des pénitents blancs, bleus et noirs, instituées vers 1606. Les blancs et les bleus possédaient deux églises richement décorées. Les noirs se réunissaient dans l'église paroissiale de St-Sernin, dont l'emplacement a été converti en une jolie place ornée de tilleuls. (1)

On voit par ce chapitre, plus curieux pour la postérité que pour la génération actuelle, que la ville de Brive comptait autrefois douze églises desservies, et qu'il ne lui en reste aujourd'hui que quatre : La collégiale où sont réunies les deux anciennes paroisses, l'église de Ste-Ursule jadis aux Cordeliers, l'église de

---

(1) Il existait anciennement au village de Champ, entre Brive et Noailles, un monastère ou hermitage de religieuses, sous le nom de Saint-Gondon, évêque de Cahors. Il fut détruit infailliblement durant les incursions des Normands ou des autres brigands signalés dans cette histoire. On y voit encore des restes de la chapelle adossée à un rocher escarpé. Je ne trouve aucune note précise sur cet établissement ; mais la chanson triviale : *Les menètes de St-Gondon*, etc. suffirait pour prouver son existence. Des vieillards se souviennent qu'on allait en dévotion à St-Gondon, et qu'on y fichait en terre de petites croix de bois.

· (*Note de l'Auteur.*)

VUE DES ANCIENS CLOITRES DE TULLE.

(Dessin d'après Tripon, extrait du Bulletin de la Société scientifique,
historique et archéologique de la Corrèze, (siége à Brive) tome I.)

l'hospice et celle du collége dépouillée d'ornements, qui n'a servi jusqu'ici que pour les exercices littéraires des étudiants Il y a une chapelle intérieure dans les beaux bâtiments de l'école secondaire.

ABBAYES DANS LE BAS-LIMOUSIN

L'abbaye de Tulle doit son origine à un hermitage au huitième siècle. Incendiée par les Normands en 931, elle fut rétablie quelques temps après. Baluze rapporte les actes d'un grand nombre de dons des seigneurs de la province ; ce qui l'enrichit, et donna lieu au pape Jean XXII de l'ériger en évêché vers 1320. (1).

L'abbaye de la ville de Beaulieu fut fondée en 846 par Rodulphe, comte de Quercy et vicomte de Turenne. Le roi confirma aux religieux bénédictins, en 895, leurs possessions territoriales, les droits de justice, etc.

L'abbaye d'Uzerche ne peut dater que du huitième ou neuvième siècle, peu après la fondation de la ville. Elle fut sécularisée dans la suite, et les chanoines y ont été en cet état jusqu'en 1790.

La fameuse abbaye d'Aubazine, à deux lieues à l'orient de Brive, eut pour fondateur, en 1138, saint Étienne, d'une famille honnête du voisinage. Son mausolée, assez bien travaillé en sculpture, subsiste encore dans l'église. Les seigneurs de Comborn, de Malemort, Richard roi d'Angleterre, la reine Blanche mère de Saint Louis, etc., enrichirent cette abbaye, qui s'agrégea ensuite à l'ordre de Citeaux. Saint Etienne fonda aussi tout près de son monastère, le prieuré royal des dames de Coiroux.

____

(1) 1317, voir la note page 36.

La grande réputation de ce saint, l'observance régulière de ces deux maisons, et la dévotion extraordinaire de ce siècle, y attirèrent bientôt un grand nombre de prosélytes des meilleures familles du pays, dit l'auteur de la vie de saint Etienne. Les époux se séparaient, d'un consentement mutuel, pour prendre l'habit de religion, le mari à Aubazine et l'épouse à Coiroux. De là le proverbe singulier : *Qui a fille à Coiroux, a gendre à Aubazine et réciproquement.*

L'abbaye de Vigeois, petite ville au nord de Brive, de l'ordre de St-Benoit, fut fondée au neuvième siècle, et saccagée bientôt par les Normands. Elle est connue surtout par la chronique intéressante, dite de Vigeois, dont l'auteur est un religieux de l'abbaye, nommé Geoffroi.

Il y avait aussi dans le bourg de Végennes, arrondissement de Brive, une abbaye fondée vraisemblablement vers les époques des précédentes, détruite entièrement durant les irruptions des barbares ; il n'en reste que peu de notes conservées dans des actes du pays.

L'abbaye de Dalon, de l'ordre de Citeaux, à l'ouest de Brive, fut établie vraisemblablement au douzième siècle par les puissants seigneurs voisins d'Authefort, puisque St-Etienne d'Aubazine lui était affilié vers 1150. On sait que saint Bernard fonda lui-même un grand nombre de monastères de son ordre.

La Chartreuse de Glandier, à sept lieues nord de Brive, eut pour fondateur, au treizième siècle, un vicomte de Comborn, dont le château, aujourd'hui en ruines est proche de Glandier. Selon la tradition du pays, le vicomte fut condamné par le pape et les évêques à fonder ce monastère, en expiation de l'assassinat d'un prêtre. Les vins d'un côteau voisin de Glandier,

VUE DE LA NOUVELLE CHARTREUSE DE GLANDIER.

(Dessin de M. Rupin, extrait du Bulletin de la Société scientifique, historique et archéologique de la Corrèze, tome I.)

bien soignés, sont comparés aux meilleurs vins de Bourgogne. (1)

Les trois abbayes de Beaulieu, de Dalon et d'Aubazine étaient en commende, c'est-à-dire, que l'abbé séculier, évêque, grand-vicaire, ou simple tonsuré, jouissait presque des deux tiers du revenu, sans résidence ; les religieux n'avaient que l'autre tiers... Ces commendes, possédées même souvent par des seigneurs laïcs, sous le nom de protecteurs, durant le règne de la féodalité et de l'anarchie des treizième, quatorzième et quinzième siècles, contre l'intention des fondateurs et les canons de l'Église, sont regardées comme la principale cause de la décadence des ordres monastiques rentés. Les chartreux seuls avaient réussi à s'exempter du vain titre d'abbés qu'on leur offrait.

Il y avait aussi tout près de Brive plusieurs hospices de l'ordre des chevaliers militaires-religieux et hospitaliers du Temple. On en voit encore les masures à Langlade et à Puyjubert sous Grammont. Le couvent des dames du Temple était à une certaine distance et plus élevé sur le côteau de Puyjubert que celui des chevaliers. Cet ordre célèbre, ayant dégénéré de l'esprit de son état, le roi Philippe-le-Bel provoqua son abolition au concile général de Vienne en 1311. Une partie de ses biens immenses fut donnée aux chevaliers de St-Jean, dits de Malte en dernier lieu.

(1) La chartreuse de Glandier a été complètement réédifiée pendant ces dernières années et elle a été consacrée le 5 août 1879. La gravure que nous publions ci-contre donnera une idée de l'importance de ce monastère.   (*Note de l'Éditeur.*)

CHAPITRE XXIII.

—

Des colléges et autres établissements pour l'instruction publique.

Nous ignorons l'état et le mode des études anciennes dans la ville de Brive, mais il paraît, par quelques actes conservés dans ses archives, par le nombre des hommes illustres et des écrivains (chap. xxix) sortis de son sein, qu'il y a toujours eu de l'émulation pour cultiver les sciences et les beaux arts.

Le 15 juin 1486, les consuls nomment des maîtres d'école. En 1489, ils instituent pour enseigner la grammaire, la logique et la philosophie, M. Pierre Latreille maître ès-arts, et pour régent des écoles de chant, M. Elie Petra... Il n'existait guère alors de colléges à plein exercice que dans les universités des grandes villes.

Dès que le célèbre pape Léon X eut ranimé l'étude des sciences en Italie, et François Ier à son exemple en France, vers le commencement du seizième siècle, les habitants de Brive pensèrent à donner une organisation plus étendue et plus régulière aux écoles d'instruction publique ; mais il fallut du temps pour en procurer les moyens.

En 1606, les consuls s'adressèrent au supérieur de la congrégation des jésuites pour enseigner dans le collége... Mais comme ces religieux étaient déjà établis dans la ville épiscopale de Tulle, trop voisine de Brive, ils ne jugèrent pas à propos d'accepter les offres des consuls... Sur leur refus, on délibéra de choisir ailleurs un principal et quatre régents, et que chaque citoyen se cotiserait pour contribuer aux frais de l'établissement.

Ce second projet offrant trop de difficultés, les consuls traitèrent avec les dominicains. Leur provincial écrivit de Castel-Sarrasin, le 18 novembre 1605, qu'il allait envoyer de ses religieux pour instruire la jeunesse. On les logea près de leur couvent de Saint-Libéral, dans les bâtiments qui ont servi ensuite pour le Palais du Présidial et pour les prisons, à l'orient de la place du Civoire. Pour fournir aux frais de construction et de réparation de ce nouveau collége, on vendit au sieur Dubois, procureur, la maison de l'ancien collége, joignant les murs de ville à l'orient. Il fut arrêté qu'on donnerait aux six régents la somme de 600 francs chaque année, prise sur la gabelle, du consentement du roi. En 1607 les consuls augmentèrent de 200 fr. la pension des professeurs, en imposant cette somme sur les habitants de la ville.

Le 25 février 1608, la grande taille était de 1,200 fr. Il fut délibéré qu'on lèverait pareille somme pour finir la construction et l'ameublement du collége et réparer les murs de la ville, et que les habitants, les privilégiés paieraient leur cote part, attendu l'importance de l'objet. La baste de chaux coûtait 12 sous, un arbre chêne 3 fr., le millier d'ardoises 4 fr. On donnait au maître couvreur 3 fr. 15 sous par millier d'ardoises; ce qui n'est que le quart environ du prix actuel.

En 1618, l'assemblée de ville arrête qu'on ôtera le collége aux dominicains, à cause du peu de soins qu'ils donnent aux élèves, et qu'on demandera la réforme de leur couvent. On traite de nouveau avec les Jésuites et avec des prêtres séculiers en attendant leur arrivée.

Les Jésuites temporisant trop, le conseil de ville appelle les P.P. de la doctrine chrétienne. Le provin-

cial, rendu à Brive, promet d'envoyer quatre régents,
moyennant 800 fr. de pension et les meubles du collége des Dominicains ; ils sont mis en possession en
1620...

Louis XIII, ayant acheté les bâtiments du collège
pour y établir le palais de justice et les prisons, on
travailla à en construire d'autres pour le nouveau.
M. le président de Lestang, dont il est parlé aux chapitres XXII et XXVIII, donna l'emplacement et quelques
autres fonds, en sorte qu'il en est réputé le fondateur ; mais les archives de la ville disent expressément
que l'édifice fut construit aux frais des habitants, soit
par une imposition générale, soit par la libéralité de
plusieurs particuliers. On ne bâtit d'abord que les
deux ailes à gauche et en face de l'entrée, telles qu'elles existent encore. Les doctrinaires, avec leurs économies, ont ajouté la troisième aile au nord, en 1773.
Il paraît que l'église ne fut bâtie ou achevée qu'en
1659, selon l'inscription gravée sur le frontispice.

Le collége, quoique mal doté, se soutint avec réputation jusqu'en l'année 1751. M. l'abbé Dubois, chanoine de St-Honoré, à Paris, et neveu du cardinal-
ministre, fit alors des dons considérables au collége.
Il lui obtint la réunion du prieuré de la ville de Par-
thenai en Poitou, lui assigna quatre mille livres de
rente perpétuelle, à prendre sur l'Hôtel-Dieu de Paris :
il acheta l'hôtel du comte de Cosnac et le presbytère
du curé de St-Sernin, contigus au collége, pour loger
les pensionnaires ; il y établit une bibliothèque publique, dont il fournit la majeure partie des volumes.

La rente de 4,000 fr. fut destinée à fonder douze
bourses pour des étudiants de la ville de Brive et de
certaines paroisses du voisinage, à la nomination de
MM. Puymarets-Despagnac. On devait prélever annuellement sur les 4,000 fr., la somme de 400 fr. pour

distribuer de bons ouvrages de littérature, en forme
de prix d'émulation, aux étudiants qui les méritaient,
au choix du préfet, des régents et du recteur du
collége. Les livres, à la fin de l'année classique, étaient
portés en pompe de l'hôtel-de-ville au collége, accompagnés des consuls, au son de la grande cloche, des
tambours, etc. Outre cette distribution solennelle de
quatre prix pour chaque classe, on en donnait d'autres
moins considérables durant sept mois de l'année, etc.
La rente de 4,000 fr. était expressément réversible à
l'hôpital de Brive, si par quelque évènement imprévu
les doctrinaires abandonnaient le collége. Ce transfert
vient d'avoir lieu en 1808, d'après un arrêt du conseil,
obtenu par la protection de M. le comte Treilhard.

Le savant et vertueux fondateur, qui connaissait le
pernicieux effet des pièces de théâtre et la perte du
temps destiné aux études ordinaires, défendit aux doctrinaires de faire jouer aux écoliers aucune espèce de
comédie et de tragédie. La défense a été observée
jusqu'aux derniers temps, malgré l'engouement moderne pour ces sortes de spectacles, qui, de l'aveu des
historiens, a toujours annoncé la décadence des mœurs
et des gouvernements, même chez les Grecs, les
Romains, etc. *Du pain et des théâtres !* criait le peuple
de Rome, avili et dégénéré. Cette note peut devenir
utile à la jeunesse.

Les superbes bâtiments du collége n'ayant pas été
vendus heureusement, ils sont employés comme ci-
devant à l'usage des professeurs de l'école secondaire,
des salles d'étude et du pensionnat.

PETIT SÉMINAIRE

Monsieur de la Marque de Cosnac donna, par acte
du 19 avril 1647, son hôtel joignant le nord de l'église

des Recollets et plusieurs fonds de terre, pour établir ce qu'on appelait le *petit Séminaire de la Marque.* Il y avait douze bourses pour de pauvres étudiants pris dans les terres des seigneurs de Cosnac, avec un directeur. Cette dotation fut augmentée, le 6 juillet 1652, par messire de Cosnac, curé de Dampniac, et en cette qualité archiprêtre de Brive. La dégradation des biens ruraux du séminaire et l'accroissement du prix des denrées de première nécessité avaient forcé de réduire le nombre des places.

—

La ville de Brive jouissait encore de six bourses aux colléges de St-Martial et de Ste-Catherine à Toulouse, pour des étudiants en droit civil et canonique dans l'Université, à l'exclusion de la faculté de médecine. Ces places se résignaient facilement de l'un à l'autre des étudiants, avec l'approbation du conseil des collégiats. Il y en avait plusieurs autres également fondées par le pape Jean XXII, originaire de Cahors.

—

La ville de Brive enfin comptait, comme encore aujourd'hui, divers instituteurs, dont quelques-uns avec pensionnat, pour les premières études du latin, de la lecture, de l'écriture, etc., etc.

—

Les écoles des dames de Ste-Ursule et des sœurs de Nevers joignant l'hospice, étaient d'une grande ressource pour les jeunes personnes du sexe. La première est rétablie et la seconde le sera bientôt, ainsi que l'école gratuite pour les enfants de la ville peu fortunés, etc., etc.

—

Il y a toujours à Brive d'excellents maîtres pour

l'écriture, la tenue des livres de commerce.. des maîtres de dessin, de musique, de danse, etc.

———————

CHAPITRE XXIV.

—

Des hospices et établissements de charité dans la ville de Brive, à Juillac et à Allassac.

L'hospice ou hôpital général, situé près la porte et la place de Puyblanc, est très-ancien, puisqu'on ignore l'époque de sa fondation : le zèle et l'humanité de nos ancêtres ne permettent pas d'en douter.

Les archives de la ville conservent une délibération du 11 avril 1388, où il est dit que Jean Brossard, bourgeois de Brive, expose aux consuls et à la communauté réunie à l'hôtel-de-ville, qu'il se propose d'affecter tous ses biens à la fondation *d'un nouvel hôpital* dans sa maison, et d'y bâtir une chapelle. Entr'autres dispositions, il y aura une salle pour de pauvres prêtres, et une autre pour des femmes honnêtes qui voudront y faire leurs couches.

Cet hôpital situé près la porte des Frères était servi par des demoiselles charitables de la ville, avec un costume gris, mais sans faire de vœux. Le local, sur lequel M. Lavarde fit construire une belle maison, lui fut vendu vers 1750. Les revenus avaient été réunis à l'ancien hôpital général, par lettres patentes du mois de mars 1681.

Messire Jean-Baptiste Dubois, fils de Joseph Dubois, grand voyer de France et frère du cardinal, prêtre et chanoine de St-Honoré à Paris, fit à l'hôpital général et à deux paroisses voisines de Brive les dotations suivantes :

« ARTICLE PREMIER.

» L'hôpital jouira d'une rente annuelle et à perpétuité de 12,000 francs, ainsi distribuée : Il y sera établi six lits de nouvelle fondation pour les pauvres des deux paroisses de la ville, et par préférence ceux de la parenté de M. Dubois donateur. La somme de 1,314 fr. est destinée annuellement pour ces six lits.

» ART. 2.

» Il sera affecté dans l'hôpital un logement décent pour six personnes invalides des deux sexes, nourries et entretenues convenablement, moyennant la somme de 996 francs par an. Seront préférés le maître d'école dudit hôpital et ceux de Juillac et d'Allassac devenus infirmes, etc.

» ART. 3.

» Il sera de même affecté un logement pour l'entretien de quarante enfants des deux sexes, de pauvres paysans, artisans et orphelins desdites paroisses de St-Martin et de St-Sernin, à raison de 4,050 livres annuelles, jusqu'à l'âge de 18 ans au plus...

» ART. 4.

» Il sera pareillement affecté dans ledit hôpital, un logement décent et convenable pour douze filles de famille, dont les parents sont hors d'état de fournir à leur éducation. Les filles seront choisies, un tiers dans l'ordre de la noblesse, un autre dans la parenté du fondateur, et le dernier dans la bourgeoisie de Brive. On leur fournira la nourriture, la lumière, le chauffage et l'instruction, à raison de 120 fr. pour chacune, faisant ensemble 1,440 fr.

» L'entretien des douze demoiselles, le blanchissage, le vin, les frais de maladie demeureront à la charge des parents. Elles ne pourront rester que quatre ans, depuis le commencement de la onzième année de leur âge jusqu'à la fin de la quinzième.

» Art. 5.

» Il sera tenu dans ledit hôpital deux sœurs de la congrégation de Nevers, (qui y étaient établies depuis peu d'années) une pour l'éducation et l'instruction des douze demoiselles, l'autre pour les filles de l'article 3. Les deux sœurs pensionnées à raison de 150 francs chacune.

» Art. 6.

» Il sera tenu dans l'intérieur de l'hôpital, trois maîtres ou maîtresses de travail, pour former les enfants des deux sexes à travailler d'un métier ; un maître d'école, de probité et de capacité reconnues par les administrateurs de l'hôpital. Ce maître sera logé, nourri, éclairé, chauffé, blanchi, médicamenté en cas de maladie, et aura pour son entretien une pension de 120 francs par an. On lui procurera une salle capable de contenir au moins soixante écoliers, parce que le fondateur entend que l'école soit publique, tant pour les enfants de l'hôpital, que pour ceux des pauvres artisans de la ville, qui seront agréés par les administrateurs, pour y être gratuitement instruits de la religion, apprendre à lire et à écrire, et les règles de l'arithmétique. Pour subvenir aux frais du contenu en cet article, sera employée la somme de 750 francs annuellement.

» Mais comme il paraît utile et nécessaire d'avoir un sous-maître d'école, il occupera deux places des garçons nommés dans le troisième article, à raison de

210 livres 10 sous; et pour être logé, etc., il recevra en outre 70 francs de salaire...

» Art. 7.

» Il sera fourni annuellement deux mille livres pour être distribuées aux pauvres des deux paroisses, de l'avis du bureau de charité, composé du sieur curé de St-Martin président, de deux administrateurs de l'hôpital, de deux personnes prises dans les principaux ordres de la ville, de quatre dames des principales familles, d'un receveur dudit bureau, etc.

» Art. 8.

» Les administrateurs de l'hôpital de Brive tiendront un maître d'ecole dans le bourg de Juillac, pour apprendre aux garçons le catéchisme, à lire, à écrire et l'arithmétique ; auquel maître il sera payé une pension annuelle de 300 francs.

» Plus il sera tenu dans ledit bourg de Juillac, une maîtresse d'école... à laquelle il sera payé, par le receveur de l'hôpital de Brive, une pension de 200 fr.

» Plus, pour les susdites écoles, il sera fourni, chaque année, des livres, jusqu'à la concurrence de 100 francs, partie pour les écoles de Juillac... M. le curé de Brive indiquera au bureau de l'hôpital les livres convenables. Le présent article montant à 600 francs.

» Bien entendu que la communauté de Juillac fournira aux maîtres et maîtresses un logement convenable ; en sorte que si on cessait de le fournir, le bureau de l'hôpital cesserait de payer, et retiendrait lesdits 600 francs au profit de l'hôpital.

» Art. 9.

» Les administrateurs de l'hôpital de Brive fourniront aux maîtres et maîtresses d'école de la paroisses d'Al-

lassac des livres jusqu'à la somme de 100 fr., dont
M. le curé prendra soin d'informer le bureau de l'hôpital pour le choix convenable. Mais s'il arrivait dans
la suite que lesdits maîtres et maîtresses d'école ne
fussent pas conservés, logés et payés comme ils doivent l'être, en exécution de l'acte de fondation, du
17 septembre 1747, en ce cas l'hôpital cesserait de
fournir lesdits livres d'instruction et appliquerait l'argent aux pauvres dudit hôpital.

» ART. 10.

» Sera pareillement employée chaque année par les
administrateurs, la somme de 150 francs, pour les
livres d'instruction, nécessaires dans l'école et dans le
pensionnat des douze filles à l'hôpital...

» ART. 11.

» Enfin, que les 300 francs, faisant le surplus desdits
12,000 francs de rente annuelle, seront employés par
les administrateurs, partie à augmenter la dotation
du recteur de l'hôpital de Brive, afin que les vêpres
soient chantées dans la chapelle, les jours de diman-
ches et fêtes, et qu'il y ait alors deux messes,... et
partie à augmenter les honoraires des médecins et
chirurgiens; le tout à la prudence des administrateurs.
» Ledit sieur abbé Dubois donateur, ayant prié par
lettre missive lesdits administrateurs de n'exiger du
collége de Brive aucune rente du capital de 2,000 fr.,
fondé audit collége par acte reçu par M. Bouchie,
notaire à Brive, le 14 juillet 1714, à la charge que les
doctrinaires feraient tous les ans une mission dans les
paroisses de l'élection de Brive, laquelle mission n'a
pu être exécutée, faute du pouvoir nécessaire refusé
par les évêques de Limoges, le sieur Lavergne, procureur desdits administrateurs, promet de ne rien

exiger de la communauté des doctrinaires pour les
années écoulées avant la présente 1750, etc... La nomination aux places des boursiers du collége, qui seront
incessamment fondées par le sieur abbé Dubois, sera
déterminée, etc. La paroisse d'Allassac nommera ses
maîtres et maîtresses d'école, etc. »

Le présent acte imprimé que j'ai sous les yeux, et
dont j'ai jugé à propos de donner l'extrait, fut passé
à Paris le 25 mars 1750, homologué au Parlement de
Bordeaux le 7 décembre même année, etc.

Depuis le rétablissement de l'ordre public, l'hôpital
général, ou hospice de Brive, a repris son cours ancien,
sous la direction des vénérables sœurs de la congrégation de Nevers, ainsi que le bureau de charité établi
dans une maison lui appartenant dans l'intérieur de
la ville. On attend pour remettre le pensionnat des
douze demoiselles, des deux écoles publiques, etc., la
rentrée des arrérages de la rente des 12,000 francs d'un
côté, et de celle de 4,000 francs indiqués ci-dessus,
affectés sur l'Hôtel-Dieu de Paris, dont les administrateurs diffèrent le paiement sous divers prétextes de
chicane sans fondement.

L'hôpital a conservé heureusement ses possessions
territoriales, personne n'ayant osé les acheter durant
les troubles. Il a perdu des rentes foncières et quelques
autres revenus casuels ; mais il en est dédommagé par
la partie du produit des octrois sur la ville qui lui est
accordée. Il perd beaucoup de jour en jour sur la
valeur réelle actuelle des rentes dues à Paris. Les
16,000 fr. ne représentent guère que les deux tiers au
plus de leur valeur relative en 1750.

M. Dubois, fondateur, malgré toutes les précautions
détaillées dans l'acte de donation, fit la faute de ne pas
stipuler que les rentes en argent seraient susceptibles

d'augmentations à certaines distances d'années, à mesure que les maisons de Paris et les autres immeubles servant d'hypothèque, augmenteraient leur revenu. Il pouvait l'exiger d'autant plus équitablement, qu'il enrichit l'hôpital de Paris. Il est dit dans l'acte ci-dessus qu'il lui avait donné 800,000 fr. en maisons, rentes et effets. J'ai même vu une note où il est rapporté qu'afin de mieux assurer les rentes pour le collége et l'hôpital de Brive, il avait ajouté une somme considérable, après et en sus de sa première donation à l'hôpital de Paris, expressément en faveur de la ville de Brive. Le judicieux lecteur fera les autres réflexions qu'il jugera à propos.

CHAPITRE XXV.

—

*Des portes de ville de Brive, des ponts, des
routes, des promenades, des cloches et
embellissements de la ville et de l'église
collégiale.*

Avant qu'on ouvrit quatre nouvelles sorties de la
ville durant la Révolution, il n'y avait que sept portes
à égale distance à peu près l'une de l'autre : je ne parlerai que de deux remarquables par leur architecture.

La porte des Sœurs, au couchant de la ville, fut
construite en l'honneur de Charles VI. On y voyait
un grand écusson de ses armes, distinguées de celles
des autres rois par le support de deux cerfs. Aux deux
côtés du cintre de la porte, étaient deux petits anges
tenant en main des inscriptions, dont voici la plus
curieuse, pour juger de l'ancien patois :

» *L'an mil CCCCXL (1440), et à moier de may, et*
» *tous consuls L. Vielbans, V. Utharie, T. Pohié et*
» *P. Ohioc, et fut batit ce dit portal par consuls de Brivo.*
» *Et cotet VCC livres, et le preindrent à fere jéhan kartier*
» *et dolcéde nolhié, et fut achivé a tolens le renol.* »
Devinera qui pourra le sens des deux derniers mots.

Les toits en ardoise de cette belle porte, qui aurait
décoré nos grandes capitales, étaient depuis longtemps
abattus par la négligence inexcusable des consuls. Les
deux tours et l'entre-deux étaient encore un ornement
pour la ville. On eut la maladresse de les raser durant
le règne des clubs, sous prétexte de faciliter la circu-

lation de l'air dans la rue. Il suffisait pour cela • de couper la façade entre les deux tours. Les voisins qui s'emparèrent des pierres, promirent d'élever deux pilastres à la place des tours, mais ces pilastres mesquins n'auraient pas caché la difformité de cette entrée de ville, aussi hideuse maintenant qu'elle était belle il y a vingt ans.

La porte de Corrèze, au nord de la ville, fut construite vers 1680 en l'honneur de Louis XIV. Elle est d'une élégante architecture en forme d'arc de triomphe. Au-dessus du grand arc étaient sculptées les armes de France, et au dessus des deux petites portes latérales, les armes de la ville, avec le nom des consuls et huit beaux vers latins faisant l'éloge du roi, de ses victoires, de ses conquêtes... Les révolutionnaires se sont heureusement contentés de faire disparaître les armoiries et les inscriptions. Le bas surtout de cette belle porte aurait besoin de réparations ; il est à craindre qu'on la laisse dépérir comme celle des Sœurs.

L'ancienne porte en avant et sa grosse tour furent démolies par ordre de M. l'intendant. L'adjudication pour tout l'ouvrage fut mise aux enchères publiques.

L'antique pont qui a donné le nom celtique à la ville de Brive (1), ayant été démoli par les ennemis, pendant un rude combat sur le pont même, au commencement du quinzième siècle, (voyez chap. VIII), les consuls se hâtèrent de chercher les moyens d'en construire un nouveau. On le plaça près la porte de Cor-

____

(1) Les fondations de ce pont et la culée de la rive gauche se voient encore à 250 mètres environ en amont du barrage actuel, au lieu dit *Pont de Bouis,* appelé ainsi parce que, sans doute, le tablier de ce pont était de bois.

(Note de l'Éditeur.)

rèze, tel qu'il existe encore aujourd'hui (1), afin qu'il fût plus à portée d'être défendu que l'ancien, trop éloigné de la ville. Un pont de treize arches était un ouvrage d'une dépense énorme dans ces temps de calamités publiques. Les indolents rédacteurs du registre de l'hôtel-de-ville ont négligé d'en donner des détails. On y trouve seulement les notes suivantes :

Les consuls faisaient travailler au pont en l'année 1488. On fut obligé d'élever un quai revêtu d'une forte muraille, dont une partie est conservée, pour détourner le cours naturel de la Corrèze, et la conduire sous le pont. Des vieillards, dont les grands-pères avaient vu cette construction, m'ont rapporté que la veuve d'un riche cordonnier de Brive avait donné pour cet objet une somme de 8 à 10,000 fr. On aurait dû consigner dans les registres le nom de cette généreuse patriote.

Ce quai fut réparé et allongé en 1586... Le parapet du pont ne fut achevé qu'en 1603... L'arche latérale du pont qui sert à descendre dans l'île de Guyherle (2) date

----

(1) L'auteur écrivait ceci en 1810. Ce pont, composé de treize arches, partait du boulevard, en face la porte monumentale de Corrèze, et, suivant la direction de l'avenue actuelle de Paris, se terminait à peu près au point où la route d'Aurillac à Angoulême rencontre cette avenue.

Ce vieux pont fût démoli en 1832, et remplacé l'année suivante par un pont à deux arches, qui prit la dénomination de Pont-Neuf ou de Petit-Pont, qu'il porte encore.

(Note de l'Éditeur.)

(2) Quelle doit être l'orthographe de ce nom si connu à Brive et dans les environs ? On le trouve sous quatre ou cinq formes diverses. Voici à ce sujet l'opinion d'un érudit, M. l'abbé Loubignac, ancien professeur, très-versé dans l'histoire de notre province, et qui a bien voulu me fournir pour cette réédition un grand nombre de notes précieuses :

« Il est évident, pour nous, que l'étymologie de ce nom est la

de 1543. Le pont trop étroit fut en même temps élargi d'environ trois pieds du côté oriental, comme il paraît sensiblement en dessous des arches. M. Turgot, intendant de Limoges, le fit encore élargir par deux nouveaux parapets en dehors des anciens, vers 1770.

En 1734, messire Joseph Dubois, frère du cardinal ministre, sur-intendant des ponts, routes de France, etc., fit construire à ses dépens, avec la permission du roi, le pont neuf (1) et les quatre quais adjacents. (2) J'ai

---

» même que celle d'*Aquitaine* ou de *Guienne* ou *Guyenne* dont
» la racine est AQUA. Nous pensons donc que la véritable forme
» de ce nom devrait être *Aguierle* ou avec l'article l'*Aguierle*.
» par ce que l'orthographe de notre langue est essentiellement
» étymologique ; mais comme un long usage a séparé la pre-
» mière lettre du nom, pour la fondre avec l'article qui le pré-
» cède, nous croyons qu'il faut écrire LA GUIERLE. Nous avons
» pour exemple l'*Aguienne* qu'on écrit aujourd'hui la Guienne
» ou la Guyenne. »

(1) Ce pont appelé d'abord *Pont-Neuf*, par opposition au vieux pont de treize arches, est désigné actuellement sous le nom de *Pont-Cardinal*, quoiqu'il n'ait pas été construit par le cardinal Dubois, mais bien par son frère Joseph, directeur général des ponts et chaussées de France. La dénomination de *Pont-neuf* a été appliquée plus tard au petit pont à deux arches, comme il est dit dans une note précédente.

Il est à remarquer que, par une singularité assez rare pour ce genre de construction, le *Pont-Cardinal* fut bâti à sec au milieu des terres. Avant l'époque de sa construction, les eaux de la Corrèze, après leur chute de l'ancien barrage dont on peut voir encore les deux extrémités sur les rives, courraient au sud-ouest de la ville, en longeant les terrains appartenant à la famille Tassain et à quelques autres, dans un lit remplacé aujourd'hui par une belle allée de tilleuls, et allaient se réunir aux eaux qui sortaient d'un moulin situé près de la porte de Corrèze. Ce moulin, appelé *Moulin de la Porte*, était construit sur l'emplacement actuel de la grande maison Juge.

(Note de l'Éditeur).

(2) Le quai de la rive gauche, en amont de ce pont, n'avait

heureusement recouvré l'inscription sur marbre, en lettres dorées, incrustée dans le piédestal de la croix, et enlevée durant la révolution ; on doit être jaloux d'en perpétuer la mémoire : (1)

LUD. XV. REG. CHR.

GRATIA ET SUMPTIBUS

JOSEPHI DUBOIS

SUMMUS PONTIUM AC VIARUM

VIR

NEC NON SACRÆ M. A MANU,

URBIS HUJUS QUONDAM PRÆTOR

CIVIS OPTIMUS, SEMPER MUNIFICUS

IN ÆVUM CHARUS GRATÆ CIVITATI

NUTRICI, PATRIÆ PATER,

OPUS HOC CURAVIT

CÆPTI AUCTOR ET ACTOR

DOMINUS DE TOURNY

PROVINCIÆ PROEFECTUS

ANNO REPAR. SALUT. MDCCXXXIV.

---

que deux cents mètres environ de longueur. Sa continuation, jusqu'aux restes du vieux barrage qui fut emporté par une forte crue en 1819, était depuis loggtemps réclamée par le bon goût et la salubrité publique ; elle vient d'être opérée en 1877.

Ce quai forme aujourd'hui une belle promenade de 300 mètres.

(*Note de l'Éditeur.*)

(1) Cette inscription fut rétablie plus tard et se lit encore sur le piédestal de la croix du Pont-Cardinal, mais il y a désaccord entre celle citée par Leymonerie et celle qui existe actuellement : celle-ci porte en effet *Josephus* au lieu de *Josephi*.

J'ai consulté, au sujet de ce désaccord, plusieurs latinistes, et, d'après les éclaircissements qui m'ont été fournis, on peut dire que le texte cité par Leymonerie est le véritable. Les raisons suivantes m'ont été données en faveur de notre historien :

1° L'inscription actuelle remplace celle disparue pendant les

Deux ans après, cet illustre patriote fit construire également, à ses propres frais, la jolie promenade qui entoure la ville. On abattit les terres des remparts pour combler les fossés. Les matériaux des fortifications extérieures de la ville servirent à revêtir le bord des ruisseaux qui séparent l'allée d'ormes des petits jardins contigus. Les propriétaires des maisons tenant aux murs de la ville eurent la permission d'y ouvrir des portes et fenêtres. Ils donnèrent une modique indemnité pour le terrain de leur parterre, avec chacun un petit pont sur les ruisseaux ; ce qui forme un contour

---

troubles de la première révolution ; l'abbé Leymonerie, contemporain des deux, ne s'est pas sans motif écarté du texte de la plus récente ;

2° Les restaurateurs de l'inscription ont cru sans doute corriger un solécisme, *Dubois* étant pris pour le sujet de *curavit* le prénom devait être au nominatif ; mais ils n'ont pas remarqué que le texte peut, au moyen d'un point placé après *Dubois*, être divisé en trois phrases bien distinctes, et *Josephi Dubois* est alors le complément de *sumptibus* et *summus vir* le sujet de *curavit* ;

3° Cette interprétation est la plus naturelle, car autrement il faudrait supposer qu'en son nom personnel le roi Louis XV donna une somme d'argent pour la construction du pont, ce qui ne peut guère s'admettre et qui n'est du reste mentionné nulle part.

Voici, maintenant, la traduction de cette inscription :

« Par la permission de Louis XV, roi très-chrétien, et aux
» frais de Joseph Dubois.

» Directeur des ponts et routes, autrefois chargé par sa
» majesté sacrée du gouvernement de cette ville, ce citoyen très-
» bon, toujours généreux, à jamais cher à la cité qui l'a vu
» naître, bienfaiteur de son pays, a fait exécuter ce monument.

» L'inspirateur de l'entreprise et le directeur des travaux (fut)
» M. de Tourny, gouverneur de la province.

» L'an de la rédemption, 1734. »

(Note de l'Éditeur).

unique en son genre, et charmant s'il était bien entretenu.

Le même sur-intendant avait commencé à faire jeter les fondements d'une caserne près la porte de Barbecane, mais sur l'observation du ministre de la guerre et celle de la ville, qui aurait trop de peine à fournir des subsistances à une garnison permanente, l'ouvrage fut abandonné. Le précis de ces trois événements méritait certainement d'être inscrit dans les registres de la ville, mais il n'en est pas dit un mot, non plus que d'un grand nombre d'autres, qu'un prêtre, savant historiographe, m'a communiqués. Qu'on me permette d'observer, pour la dernière fois, qu'il devrait y avoir à l'hôtel de ville un registre pour y consigner le récit des événements qui peuvent intéresser le public, et inspirer de l'émulation aux citoyens. Ce que j'ai recueilli à force de soins et de recherches en prouve l'avantage.

La voûte trop basse du chœur de la collégiale menaçait ruine depuis quelques temps. En conséquence les trois frères Dubois la firent démolir en 1726, et remplacer par la nouvelle voûte hardie et élevée, avec les cinq grands vitraux qui ornent cette partie de l'église. Ils y ajoutèrent en même temps un autel en marbre du meilleur goût, la grille en fer qui ferme le chœur, de jolies stalles et des ornements fournis par le cardinal. En mémoire de ces embellissements très-dispendieux, et d'autres dons à l'église, les généreux fondateurs chargent le chapitre des chanoines de célébrer tous les ans une messe solennelle pour le salut de leurs âmes... Le détail en est consigné sur une table en marbre noir, placée dans le sanctuaire. Comme ce monument respectable, heureusement recouvré, fut enlevé durant la révolution, et qu'il pourrait l'être une seconde fois, j'ai cru devoir en conserver ici la copie, d'autant mieux que peu de personnes sont à portée de lire l'original. (1)

D. O. M.

QUOS IN CHRISTO GENUIT

HÆC MATER ECCLESIA

GUILLELMUS CARDIN. ARCHIEPISCOPUS CAMERACENSIS

PRIMARIUS REGNI MINISTER,

JOANNES HUJUS COLLEGIATÆ OLIM CANONICUS,

ABBAS SANCTI-PETRI DE CAUNIS,

JOSEPHUS COMES CONSISTARIUS, REGI AB EPISTOLIS,

VIIS ET PONTIBUS GALLIARUM PRÆPOSITUS,

TRES FRATRES DUBOIS

PARTEM DOMUS SACRATIOREM

COLLABENTEM FIRMAVERUNT,

OBSCURAM ILLUSTRAVERUNT,

SIMPLICI CULTU APPARATAM

IMPEMSIUS EXORNAVERUNT,

UT DETUR CELEBRATIONI DECUS,

ET MAJORI ANIMI ALACRITATE

LAUDETUR NOMEM SANCTUM DOMINI,

PRO IPSIS

EORUMQUE PARENTIBUS ET COGNATIS

IN QUOTIDIANA MISSA MAJORE

ORABITUR, CELEBRABITUR QUOQUE

OBITUS SOLEMNIS ANNUATIM MENSE AUGUSTO.

SIC PACTUM AN. D. MDCCXXX.

---

(1) Cette inscription existe toujours ; elle est incrustée dans le mur, côté sud, du chœur de l'église St-Martin ; en voici la traduction :

« A Dieu très-bon et très-grand.

» Trois fils que cette église a engendrés dans le Christ :

» Guillaume, cardinal archevêque de Cambrai, premier minis

» tre du royaume ;

» Jean, abbé de Saint-Pierre de Caunes, autrefois chanoine de

» de cette collégiale ;

Il y a dans la sacristie du collége une pareille inscription, même plus longue, qui fait mention des bienfaits de M. Dubois, chanoine de Saint-Honoré, et d'une messe obituaire (v. ch. xxiv). Je n'ai pas jugé nécessaire de la rapporter dans les circonstances présentes. (1)

La grosse cloche de l'église ci-devant collégiale, dont le son est si agréable et si majestueux, pèse trente cinq quintaux : elle fut fondue avec deux autres plus petites, l'an 1499. Les consuls imposèrent trois sous par tête sur chaque habitant des deux paroisses, non compris les dons particuliers en métal et en argent. Entr'autres

---

» Joseph, conseiller au conseil d'Etat du roi, préposé par » *lettres royaux*, aux travaux des ponts et routes de France ;

» Les trois frères Dubois

» Ont réédifié le sanctuaire de l'église qui menaçait ruine, » l'ont éclairé, et ont relevé par leur munificence l'appareil trop » simple du culte, pour donner de l'éclat aux cérémonies et » pour que le saint nom du Seigneur soit loué avec plus d'allé- » gresse.

» Pour eux, leurs parents et alliés, il sera prié chaque jour » dans une messe chantée, et, chaque année au mois d'août, il » sera célébré un service solennel.

» Ainsi fait l'an du Seigneur, 1730. »

(Note de l'Éditeur.)

(1) Il n'existe dans la sacristie du collége que l'inscription suivante, dont j'ai relevé une copie exacte :

LE R. P. CÉLÉBRANT LA MESSE DES ÉCOLIERS SE SOVVIENDRA D'AIOVTER TOVS LES MERCREDI ET VENDREDI DE CHAQVE SEMAINE LA COLLECTE OMNIPOTENS SEMPITERNÆ DEVS QVI VIVORVM DOMINARIS SIMVL ET MORTVORVM, ETC.

POVR LES VIVANS ET TRÉPASSEZ DE LA FAMILLE DE MESSIRE IOZEPH DVBOIS, CONSEILLER AV CONSEIL D'ÉTAT DV ROY, SECRÉTAIRE DE LA CHAMBRE ET CABINET DE SA MAIESTÉ, MAISON COVRONNE DE FRANCE ET DE SES FINANCES ET DIRECTEVR GÉNÉRAL DES PONTS ET CHAVSSÉES DU ROYAVME.

A QVOY LE COLLÉGE EST OBLIGÉ PAR CONTRACT DE L'ANNÉE 1730.

(Note de l'Éditeur).

12

inscriptions gravées sur la première cloche, on peut citer les deux vers suivants :

Vox mea cunctorum sit tremor dæmoniorum !
Laudo Deum verum, plebem voco, congrego clerum.

Que le son de ma voix fasse trembler les démons !
Je loue le vrai Dieu, j'appelle le peuple et rassemble le clergé.

Vers la même époque, la ville fit encore d'autres dépenses très-considérables, qui étonneraient aujourd'hui. La flèche du clocher menaçait ruine ; on la remplaça par cette énorme charpente, nommée en architecture *quarré à l'impériale* (1), dont l'entretien est fort coûteux. Le mur de la tour fut élevé d'un étage et bâti en pierre commune, dite *brasier*, différente de celle des murs primitifs, comme il paraît au premier coup d'œil.

M. l'abbé Salés, subdélégué, fit planter d'ormes, en 1760, par ordre de M. l'intendant, la levée qui sépare les deux ponts. Pendant le cours de la révolution on a fait des changements utiles dans l'intérieur de la ville pour la commodité des citoyens et la salubrité de l'air. L'ancien cimetière a été transformé en place publique, avec trois issues pour la communication du centre de la ville. La halle qui embarrassait la grande

---

(1) Cette charpente fut démolie en 1840, parce qu'elle menaçait ruine ; elle fut remplacée par une simple toiture à quatre eaux d'un effet très-peu gracieux, qui existe encore, mais qui doit être remplacée par une flèche en harmonie avec l'architecture de l'église, classée parmi les monuments historiques.

Ce projet fait partie du plan de restauration de ce beau monument dressé par M. de Baudot, architecte du gouvernement, et dont l'exécution se poursuit depuis 1877. Déjà la façade de l'Ouest, avec son porche et le clocher de l'horloge, vient d'être entièrement reconstruite.

(Note de l'Editeur.)

place a été transportée dans la seconde. Le contour de l'église au nord, hideux auparavant, est orné par de jolies maisons. La place St-Sernin plantée de tilleuls occupe le terrain de l'église de ce nom.

On a enfin ouvert quatre portes ou entrées de ville faciles à distinguer des anciennes, une petite rue ou passage pour communiquer de la grande place à la nouvelle fausse porte, près celle de Puyblanc. Le porche *Brune* qui obscurcissait la rue de la grande place à la porte de Corrèze a été abattu. La grande et belle route avec trois ponts, depuis la porte de Barbecane jusqu'à Larche fut ouverte vers 1770 (1). Le pont en bois, très-utile pour entrer dans les promenades et le foiral de la Guyherle, a été construit en l'an V (1794). Le joli quai orné de platanes, formé depuis peu par M. Leclère, propriétaire de la filature de coton, était il y a cinquante ans un cloaque marécageux. Ces détails minutieux pour la génération actuelle ne le seront pas pour les suivantes. On en lit de moins intéressants dans les volumineuses descriptions de Paris et de toutes les villes dont on a publié l'histoire.

---

(1) Cette route, qui a porté longtemps le nom de nouvelle route de Bordeaux, traverse, avant d'arriver à Larche, six ponts construits sur les ruisseaux de Bouquet ou de Planche-Torte, de Langlade, de la Nadalie, de Grammont, de Puyjubert et de Bédenac.

L'ancienne route partait de la porte des Sœurs, passait sur le pont Latreille (de Laborie), sur le vieux pont de Bouquet, à Langlade, à la Nadalie, redescendait sur le pont de Négrétat (ruisseau de Grammont), remontait à Puyjubert, redescendait sur le pont dont les ruines se voient encore près de la tuilerie de Puyjubert, remontait à Bédenac, à La Noble, près du cimetière actuel de Larche, pour redescendre dans cette petite ville par le chemin qui vient de Lissac.

(Note de l'Éditeur.)

CHAPITRE XXVI

—

*Des hommes illustres dans l'ordre ecclé-
siastique, originaires de Brive et des
environs.*

Les citoyens distingués par leurs emplois, par leurs
talents ou leurs mérites, ont toujours fait une partie
essentielle de l'histoire de chaque pays. C'est un honorable devoir de reconnaissance, et un noble motif
d'émulation pour leurs descendants. La ville de Brive
est encore remarquable à ce sujet.

PREMIÈRE SECTION

—

PRÉCIS HISTORIQUE SUR SAINT MARTIN.

Saint Martin appartient à trop de titres précieux à
la ville de Brive, pour ne pas le mettre au premier
rang de ses citoyens ; des écrits authentiques, des
monuments encore existants, une tradition constante...
sont des garants assurés de la vérité de son histoire.

Martin, né en Espagne d'une famille puissante, se
sentit dès sa jeunesse heureusement porté à embrasser
la religion chrétienne. L'opposition de ses parents idolâtres, et la grande réputation de saint Martin de Tours,
l'engagèrent à se rendre auprès de lui. Ce saint évêque,
au troisième siècle, vivait en communauté avec un
grand nombre de disciples attirés par l'éclat de son
zèle et de sa piété. Après les avoir formés dans la

science divine et dans la pratique des vertus, il les
envoyait prêcher l'évangile et dissiper les restes de
l'idolâtrie dans la Gaule.

Touché des heureuses dispositions du jeune Martin,
il lui donna son propre nom avec le sacrement du
baptême. Le fervent néophyte, après avoir reçu les
instructions essentielles à l'école de son maître, voulut
achever de s'exercer dans la solitude à son dessein de
se consacrer aux travaux apostoliques. Ayant entendu
parler d'un saint prêtre, nommé Laurent, qui vivait
dans la retraite à Savignac en Périgord, il fut se mettre
sous sa conduite, en attendant une occasion favorable
pour commencer à travailler au salut des âmes.

Quelques temps après, Martin apprend que les habitants de Brive exercent le culte infâme de Saturne et
de Priape; il se hâte de s'y rendre, accompagné du prêtre Laurent. Voyant que ses instructions sont dédai-
gnées, il entre dans le temple un jour de solennité
payenne, et dans un excès de zèle, que l'intention et
l'inspiration divine peuvent autoriser, il renverse l'appareil du sacrifice... Le peuple irrité le traîne hors du
temple, et le lapide comme un second Étienne, jusqu'à ce que l'un des plus furieux lui tranche la tête.
Le prêtre Laurent et quelques fidèles prennent soin de
sa sépulture. Ce martyre ne peut avoir eu lieu que
vers la fin du troisième siècle ou le commencement
du quatrième de l'ère chrétienne. Une contagion mortelle s'étant bientôt répandue dans Brive, les habitants
eurent en vain recours à leurs fausses divinités, lorsque quelques chrétiens proposèrent de solliciter la protection de saint Martin. La contagion cessa, et le grand
nombre des miracles qui commencèrent à s'opérer à
son tombeau achevèrent de triompher de l'incrédulité
des Brivistes.

Que ceux qui se vantent de nier les miracles, nous

apprennent donc par quel autre prodige étonnant, un peuple habitué à un culte voluptueux qui favorisait les passions, l'abandonne librement pour embrasser l'austérité de la religion chrétienne. Voilà sans doute un grand miracle, hors du cours naturel des choses humaines.

Les merveilles opérées par l'intercession de saint Martin devinrent si fréquentes et si incontestables, qu'on célébrait sa fête dans toute l'Aquitaine durant quelques siècles. On en récitait encore l'office en dernier lieu dans les diocèses voisins, le 9 août, de même qu'à Brive. L'empereur Valentinien III, attribuant une grande victoire à l'intercession de saint Martin, fit de riches présents à son église l'an 425, entr'autres d'un reliquaire en argent, renfermant une coupe en marbre, qu'on disait avoir servi à la cène du Sauveur. On lisait tout ce récit, en caractères antiques, sur une des six glaces du reliquaire. Il a été enlevé durant l'anarchie de la révolution, ainsi que le superbe buste du saint, en vermeil, orné de pierres précieuses, offert, selon la tradition, par saint Éloi, natif de Limoges. Je pourrais facilement entrer dans d'autres détails, mais c'en est assez pour le commun des lecteurs, avec ce qui en est rapporté au chapitre IV, pour conserver la mémoire du célèbre patron de Brive.

—

SAINT LIBÉRAL ORIGINAIRE DE BRIVE, ÉVÊQUE D'EMBRUN.

Delcourt et son épouse, également pieux, donnèrent à leur fils Libéral une éducation chrétienne, et assez soignée d'ailleurs pour le mettre en état de tenir dans la suite une école d'instruction de la jeunesse.

Dans un temps de famine, attendri par les gémissements des pauvres, et n'ayant plus rien à sa disposition, il leur distribua un plein pétrain de pâte, prête à mettre au four. Sa mère s'en apercevant blâma son zèle. Libéral en s'excusant, passe dans la boulangerie; animé d'une foi vive, il fait une courte prière à Dieu, et montre à sa mère le pétrain rempli comme auparavant. Cette femme, connaissant les vertus de son fils, ne doute point du miracle. Le bruit s'en répand dans la ville et on accourt pour s'en assurer. La tradition familière de cet événement, depuis huit siècles, m'a décidé à ne pas le dissimuler malgré les incrédules.

Cependant, l'humilité de Libéral ne pouvant supporter les témoignages de la vénération publique, il prit le parti de s'éloigner secrètement de sa patrie. Fixé enfin dans la ville de Meaux, il se chargea de l'éducation des enfants d'un grand seigneur, son protecteur dans la suite. Sa réputation le fit nommer, malgré lui, à l'évêché de Meaux, et quelques temps après, au siége d'Embrun en Dauphiné.

Le cartulaire de cétte ville rapporté dans la *Gallia christiana*, dit expressément « que saint Libéral, origi-
» naire de Brive, dans la province Limousine, qui
» avait désiré de vivre loin de sa patrie, fut élu évêque
» d'Embrun, cette église ayant été privée de son pré-
» lat, lors du carnage que venaient d'y faire les
» Sarrasins, l'an 916. Chassé par ces infidèles vers
» 930, il se retira dans sa patrie, où ayant passé à la
» vie bienheureuse, son corps fut déposé dans l'église
» dédiée en son nom, dans laquelle on célèbre sa fête
» le 21 novembre. » (1) Ce récit est confirmé par l'his-

---

(1) « *Sanctus Liberalis, oriundus de Brivâ in provinciâ Lemo vicinâ, procul vivendi cupidus, proximâ Saracenorum clade* (an 916), *Ebredunensibus præsule orbatis, pontifex assumitur. In patriam aliquantò post tempore migrat, ab iis infidelibus pulsus* (an 930) *et Brivæ ad meliorem vitam translatus, locum*

toire des saints du docèse de Limoges et par plusieurs martyrologes d'Aquitaine. M. de Ste-Marthe, dans son histoire des évêques d'Embrun, observe « que Libéral fit de grands biens à l'Eglise, et parut un des plus grands prédicateurs de son siècle. »

Libéral, retiré à Brive, y vécut en pauvre, édifiant le peuple par ses vertus et par les instructions chrétiennes qu'il lui faisait familièrement. L'anneau pastoral et d'autres indices l'ayant fait reconnaître le jour de sa mort, on commença à le vénérer comme un saint et à demander son intercession auprès de Dieu. J'omets, pour abréger, un grand nombre de traits de sa vie et de prodiges opérés à son tombeau, me bornant au suivant.

Un violent incendie menace la ville d'une entière destruction. Le peuple et le clergé se rendent en procession au sépulcre de Libéral, et les flammes s'éteignent subitement. La dévotion et la reconnaissance engagent à bâtir une église en l'honneur du saint, la même qui subsiste encore, et dont la construction annonce l'antiquité. Le clergé fit vœu d'y aller processionnellement chanter une grand'messe, le 21 novembre de chaque année. Le chapitre de la collégiale avait conservé ce pieux usage jusqu'à la révolution et à la vente de l'église (1).

---

corpori sortitus est in ecclesiá natali soli, nomini suo dicatá, ubi colitur un decimo calendas decembris. » (*Gallia christiana Vel.* Tom. ɪ. N° 22 et *Nova Gallia chris.* Tom. III. *columná* 1067.)

(1) Cette église a été donnée le 20 juin 1874 à l'évêque de Tulle, qui a été autorisé à en accepter la donation, par décision du président de la République du 4 mars 1876. Elle a été rendue au culte par Mgr Berteaud, consacrée de nouveau le 5 août 1876.

Voir, pour plus amples détails sur saint Libéral, la légende de son office dans le bréviaire du diocèse de Tulle, et l'*Histoire archéologique du diocèse de Gap*, par M. Depéry, p. 449 et s.

(*Note de l'Editeur.*)

DEUXIÈME SECTION.

—

Bertrand et Pierre de Cosnac, frères, étaient issus d'une ancienne famille noble. Le premier fut évêque de Tulle en 1349, puis de Comminges et cardinal. Le second, d'abord prieur du chapitre de Brive, succéda à son frère à l'évêché de Tulle en 1376. Daniel de Cosnac, archevêque d'Aix, doyen des évêques de France, mourut en 1718. On compte aussi quatre MM. de Cosnac, successivement évêques de Die en Dauphiné, dont on a conservé les portraits. Le dernier est décédé vers 1760.

ARMES DE LA FAMILLE DE COSNAC :

(D'argent, semé de molettes de sable, au lion de même, armé, lampassé et couronné de gueules, brochant sur le tout).

Quoique les comtes de Cosnac habitassent leur château de ce nom, près Brive, ils habitaient aussi une partie de l'année leur hôtel en cette ville, où certains de leurs enfants prenaient sans doute naissance, et recevaient tous leur première éducation.

Christophe de Lestang, évêque de Carcassonne au seizième siècle, fils d'Étienne de Lestang et de l'illustre famille de ce nom, dont nous parlerons dans le

chapitre suivant... Autre François de Lestang, évêque
de Rodez, mort en 1529.

Etienne Polverel, d'une ancienne famille de Brive,
évêque d'Aleth, mort en 1536. Autre Polverel, archevêque de Narbonne. Son portrait a disparu durant la
révolution.

Défieu de Montaunet, évêque de Toul, d'une famille
noble de Brive, au seizième siècle.

Brune, né à Brive, selon une note des anciens registres de l'hôtel de ville, était vraisemblablement de la
famille du maréchal d'Empire Brune. Il fut évêque du
Puy, et ensuite de Noyon, vers le milieu du seizième
siècle.

» Armand Gaubert, chanoine à Brive, homme très-
éloquent et d'une grande réputation. Tandis qu'il
travaillait à réconcilier les barons du pays en guerre,
deux prêtres élus par faction se disputaient l'abbaye
d'Uzerche. Il fut choisi pour arbitre d'un commun
consentement et par ordre de l'évêque de Limoges.
Ayant engagé les deux contendants à donner leur
démission, il nomma l'an 1528, Bernard de Pannat,
qui fut maintenu sans difficulté. » (*Cartulaire de l'abbaye d'Uzerche.*)

Guillaume Dumas-de-la-Hotesse, fils ou frère de
l'illustre président de ce nom désigné au chapitre
suivant, prit le grade de licencié en Sorbonne, devint
doyen de la cathédrale d'Aleth et prieur de St-Sulpice
à Toulouse... L'estime que saint Vincent de Paul faisait
de lui, donna la plus haute idée de son mérite. Il
publia et dédia au cardinal de Richelieu une traduction de l'*Octavius* de *Minutius-Félix,* célèbre orateur
au commencement du troisième siècle, vanté par
saint Cyprien et saint Jérôme, surtout pour un excellent
dialogue entre un chrétien et un païen.

Jean-Baptiste Dubois, neveu du cardinal de ce nom,

prêtre, chanoine de St-Honoré à Paris, recommandable par ses vertus et par les dons immenses de charité, détaillés ci-dessus, qu'il fit durant sa vie, par ses économies ; mort vers 1754.

L'abbé Despagnac, premier compilateur de l'histoire de Brive, conseiller en la grand'chambre du parlement de Paris, rapporteur des affaires de la cour, savant jurisconsulte, avec des mœurs douces et vertueuses ; mort à Paris en 1781.

Le cardinal de Chanac *(de Chasnaco)* originaire d'Allassac, près Brive ; mort en 1384.

Les puissantes maisons de Malemort, de Turenne et de Noailles, voisines de Brive, ont eu grand nombre d'évêques, d'archevêques et quelques cardinaux, dont la notice serait ici trop longue.

CHAPITRE XXVII

—

Des trois papes limousins, originaires des environs de Brive, et du cardinal Dubois, archevèque de Cambrai et premier ministre d'État.

———

PREMIÈRE SECTION

—

Il est digne de remarque que, sur 258 souverains-pontifes, compris Pie VII élu en 1800, la France en ait donné seulement quatorze, dont trois natifs près de Brive, où ils devaient avoir des parents, et reçu peut-être leur première éducation. Leur mérite à tous égards honore leur patrie, dans un siècle où les papes jouissaient de la plus grande autorité spirituelle et temporelle.

L'esprit de faction et d'insubordination des Romains exposèrent même la vie de quelques papes, et décidèrent Clément V à transporter le Saint-Siége à Avignon en 1306, jusqu'à ce que soixante-douze ans après, le troisième pape limousin revint se fixer à Rome, selon les vœux de tous les catholiques, en 1377.

Clément VI (*Pierre Rougier*, ou *Roger*), né au château de Maumont, près de Tulle, élu pape en 1342, mourut en 1352, à Avignon.

Son successeur la même année, Innocent VII (*Etienne d'Albert*) né près Pompadour, mourut en 1362 à Avignon.

Grégoire XI (*Pierre Roger*), neveu de Clément VI, né

au susdit château de Maumont, fut élu en 1370, et décéda à Rome l'année 1378. La mémoire de ce pontife doit être bien chère aux habitants de Brive, en reconnaissance des soins et des peines qu'il se donna pour obtenir du roi le pardon de cette ville, qui avait ouvert ses portes au duc de Lancastre, pour faire révoquer la confiscation des biens des habitants, et les rétablir dans leurs anciens priviléges. (Voyez chap. xii.)

Baluze, dans son histoire des papes d'Avignon, fait un grand éloge de la science, de la vertu des trois papes limousins, de leur caractère de bienfaisance, de leur zèle pour la bonne discipline de l'Église, de leur application à empêcher les guerres, et à concilier les princes entre eux, etc., etc., etc.

Ces éloges sont confirmés unanimement par divers auteurs contemporains, qui ont écrit cinq à six vies de chacun de ces papes. On doit mépriser, après tant de témoignages glorieux, les efforts de quelques satiriques postérieurs, pour noircir la réputation de ces illustres pontifes.

DEUXIÈME SECTION

—

DU CARDINAL DUBOIS

> *Redime me, Domine, à calumniis hominum.* (Psal. 118.)
> Délivrez-moi, Seigneur, des calomnies des méchants.

Les plus grands hommes, élevés par leurs mérites à de hautes dignités, ont été de tous temps en butte aux traits envenimés de la satire et de la calomnie : le cardinal Dubois en est un exemple éclatant.

Ayant conversé souvent à son sujet avec ses contemporains, et surtout avec un de ses neveux qui avait travaillé dans ses bureaux ; ayant examiné depuis un grand nombre de mémoires imprimés et manuscrits relatifs à ce ministre, j'ai droit, ce me semble, d'en parler franchement, avec connaissance de cause.

Guillaume Dubois, fils de Jean Dubois, médecin, et de Marie Joyet-de-Chaumont, naquit à Brive-la-Gaillarde, ancienne capitale du Bas-Limousin, le 6 septembre 1656. Il annonça dès son enfance, et durant ses études classiques, ces dispositions extraordinaires, qui le conduisirent par degrés au faîte des grandeurs. L'évêque de Limoges lui donna la tonsure le 28 novembre 1669, après qu'il eut par conséquent fait sa première communion, ce que ses détracteurs ont pris plaisir à contester, en disant qu'il était marié à Brive.

Le duc de Ventadour, malade en cette ville, fut si content du médecin Dubois, qu'il lui offrit ses services. — J'ai un fils tonsuré, répond le docteur, qui a des talents et qui désire aller à Paris. — Je m'en charge, dit le duc, et il l'envoie bientôt chez un seigneur de ses amis en qualité de précepteur. L'hôtel était voisin du Palais-Royal. La réputation du jeune abbé le fit connaître du duc d'Orléans, qui le nomma lecteur et ensuite précepteur du duc de Chartres. Pendant l'exercice de cette place importante, Dubois se livra aux études propres à en occuper de plus éminentes, et à se concilier de puissants protecteurs. Son esprit souple, délié et insinuant lui procura beaucoup d'amis accrédités.

« Dès 1698, Louis XIV avait conçu une haute idée de ses talents. Il envoya à Londres le maréchal de Tallard, ambassadeur pour la négociation la plus importante, le partage de la monarchie espagnole. Il convenait de donner au maréchal un homme de tête et de conseil, capable de l'éclairer et de le servir selon les circonstances. Quel fut cet homme nécessaire ?

l'abbé Dubois. Il eut également l'honneur d'accompagner le duc d'Orléans dans ses campagnes de Flandre, d'Espagne et d'Italie. »

En 1710, il fut nommé conseiller d'Etat pour les affaires ecclésiastiques ; en 1716 ministre plénipotentiaire à Londres, à Hanovre, à la Haye, où il signa le traité d'alliance entre la France, la Hollande et l'Angleterre. Le roi, pour le récompenser, le nomma secrétaire de sa chambre, avec l'entrée au conseil des affaires étrangères.

Envoyé une seconde fois à Londres, il y signa, en qualité de ministre plénipotentiaire, le traité pour la pacification de l'Europe. Ce nouveau succès lui mérita la place de ministre des affaires étrangères (1).

En 1719, il devint secrétaire d'état et chef du conseil souverain de la compagnie des Indes ; en 1720, archevêque de Cambrai, possédant déjà plusieurs riches abbayes ; en 1721, grand maître et surintendant des courriers, postes et relais de France.

Le pape Innocent XIII le créa cardinal la même année, en reconnaissance, disait le bref, des services qu'il avait rendus à l'Église et à la religion, et d'après les vœux du roi, du régent et de plusieurs souverains auxquels il avait procuré la paix.

L'académie française et celle des sciences et belles-lettres se félicitèrent de l'admettre pour un de leurs

---

(1) Un registre de l'hôtel-de-ville de Brive contient la « rela-
» tion des réjouissances faites dans la ville de Brive-la-Gail-
» larde, capitale du Bas-Limousin, au sujet de l'élévation de
» monseigneur l'abbé Dubois à la charge de ministre et secré-
» taire d'Etat pour les affaires étrangères. » Ces réjouissances
publiques eurent lieu le 14 octobre 1718 : la fête avait été orga-
nisée par les consuls alors en fonctions MM. de Fonteneil, de
Laulerie et Bouschie.
(Note de l'Éditeur.)

membres. Les discours du cardinal prouvèrent qu'il en était digne. Les réponses des académiciens le confirmèrent ingénieusement et sans adulation. Il fut la même année pourvu de la feuille des bénéfices. On réimprima, en 1788, un ouvrage intitulé : *Mémoire du cardinal DUBOIS au régent, sur les Etats généraux que ce prince avait envie de convoquer.* Ce mémoire bien écrit, plein de sagesse et de profondes vues politiques, fit tant d'impression sur l'esprit du régent qu'il abandonna son projet.

Enfin, ce même duc d'Orléans, après avoir mis longtemps à l'épreuve la capacité du cardinal, déclara au roi, le premier août 1722, qu'il avait jugé nécessaire pour le bien de son royaume de l'établir premier ministre. Il prêta le lendemain le serment d'usage entre les mains de sa majesté. Les seigneurs de la cour, les députations des corps civils et ecclésiastiques, etc., s'empressèrent de le complimenter. On remarqua qu'il leur répondit avec un ton de dignité, qui surpassa l'idée qu'on avait de la fécondité de son esprit et de son imagination. Il brilla également quelques mois après, dans les discours qu'il prononça au sein de l'assemblée générale du clergé de France, dont il venait d'être élu président, malgré son titre de ministre d'Etat. Il s'appliqua de suite à rétablir l'ordre et la paix au sujet des disputes de religion, et fut le principal auteur de la réunion des évêques de France.

Dès que le cardinal eut la direction des affaires du gouvernement, il s'occupa plus que jamais à remédier aux maux du royaume, et au rétablissement des finances ruinées par les billets de banque qu'il avait désapprouvés. Il augmenta la solde du militaire, maintint la paix qu'il avait procurée entre les souverains, et s'en fit respecter.

On doit juger par ces prodiges des avantages qu'il

aurait ménagés à la France, s'il avait vécu encore quelques années. C'est dans cet espoir que Louis XV, devenu majeur, le confirma dans son ministère, et lui témoigna la plus grande confiance.

Cependant, la faible constitution du cardinal s'altérait sensiblement : il avait par intervalles des accès de fièvre, causés par son application constante aux travaux indispensables dans l'exercice de tant de places importantes, dont il était jaloux de remplir les devoirs, et il se promenait parfois à cheval pour se distraire.

Un jour fatal, le coursier effarouché le jette rudement sur l'arçon de la selle. Une contusion au bas-ventre s'enflamme bientôt, à cause de l'âge et de l'épuisement du valétudinaire. Redoutant les suites d'une opération qu'on juge nécessaire, il se confesse la veille au père Germain, recollet. Tandis qu'on prépare le lendemain le cérémonial extraordinaire pour administrer le saint-viatique aux cardinaux, il n'est plus en état de le recevoir. On lui donne l'extrême-onction, et il expire à Versailles, le 10 août 1723, âgé de 67 ans.

Le roi écrivit lui-même à l'assemblée du clergé, afin d'ordonner un service solennel dans la métropole, pour le repos de l'âme de son cousin le cardinal Dubois, et d'enjoindre aux compagnies de la ville d'y assister. Ses obsèques furent célébrées avec une pompe royale dans l'église de St-Honoré, où on lui érigea un magnifique mausolée (1). On frappa aussi des

---

(1) Ce mausolée, œuvre du célèbre sculpteur Guillaume Coustou, est actuellement placé dans une chapelle de l'église Saint-Roch. Le cardinal est représenté à genoux, un peu penché en avant, les mains jointes ; la figure est remarquable d'expression. « Attachez un moment les regards sur ce front où la finesse est » unie à la fermeté. Un sourire amer, dernière gaieté d'un mou- » rant, brille à travers les rides de la fatigue et de la maladie :

médailles à son honneur. Son effigie paraissait sur un côté, et au revers un arbre renversé avec cette légende : *Visa est dum stetit minor*. Emblême énergique, pour indiquer que le mérite de ce grand homme ne serait bien connu qu'après sa mort.

Il me semble voir ici le lecteur judicieux et impartial, se demander à lui-même comment une foule d'écrivains ont pu s'acharner à dégrader la mémoire du cardinal Dubois? Comment une vie si pleine de belles actions dans les places les plus éminentes, tant de travaux couronnés de succès pour le bien de la France et de l'Europe, n'en ont-ils pas imposé à ses détracteurs, et fait oublier quelques égarements de sa jeunesse, pour le moins fort exagérés? Voici la solu-

---

» vous pressentirez bien vite les efforts du génie dans les sillons » creusés par le travail dans cette tête singulièrement expressive; » sous ce masque de marbre, vous trouverez les traits que l'his- » toire et le pinceau ont conservés du cardinal Dubois. » (Comte de Seilhac, *l'Abbé Dubois*). — Le sculpteur a copié exactement le portrait du cardinal peint par Rigaud, et dont il existe une excellente copie à l'hôtel-de-ville de Brive.

L'inscription du monument a été effacée ; la voici telle qu'elle existait primitivement :

D. O. M.

HIC AD ARAM MAJOREM

ET IN COMMUNI CANONICORUM SEPULCHRETO SITUS EST

GUILLELMUS DU BOIS, S. E. R. CARDINALIS,

ARCHIEPISCOPUS, ET DUX CAMERACENSIS, S. IMPERII PRINCEPS,

REGIS A SECRETORIBUS CONSILIIS, MANDATIS ET LEGATIONIBUS,

PRIMARIUS REGNI ADMINISTER, PUBLICORUM CURSORUM PRÆFECTUS,

HUJUS ECCLESIÆ CANONICUS HONORARIUS ;

QUID AUTEM HI TITULI, NISI ARCUS COLORATUS, ET VAPOR AD MODI-

VIATOR   [CUM PARENS

SOLIDIORA ET STABILIORA BONA MORTUO PRECARI

OBIIT ANNO. M. D. CC. XXIII. ÆTATIS LXVII.

HÆREDES GRATI ERGA REGEM ET S. S. PONTIFICEM

ANIMI MONUMENTUM. PP.

tion de ce problème intéressant, par des contemporains du ministre les plus dignes de foi.

« L'élévation de l'abbé Dubois réveilla l'envie et l'anima à un point qui passe tout ce qu'on saurait en dire. Qu'on ramasse tout ce que la haine et la malignité ont répandu de venin sur les favoris des princes, on trouvera qu'on les a ménagés en comparaison de celui-ci. A en croire les satires qui parurent alors en foule, il n'avait ni religion, ni probité, ni honneur ; il n'avait aucune espèce de mérite, et était absolument incapable des emplois qu'on lui confiait. » (*L'auteur de la vie du régent.* Tom. 1, p. 145.)

« On ne devinerait jamais à quel excès de malignité on se porta contre le cardinal Dubois. Je craindrais qu'on ne me fît le tort de croire que j'en suis complice, si je rapportais les bruits qu'on fit courir sur les débauches et l'irréligion dont on accusait ce ministre. Il vaut mieux les supprimer que de me faire soupçonner de les approuver. Qu'il est glorieux d'avoir su, malgré ces obstacles, se frayer un chemin aux honneurs, par son mérite ou par ses services ! »

« Le cardinal Dubois avait non-seulement de l'esprit, mais c'était un génie. Entreprendre de le décrier de ce côté, c'est déclarer sa haine de manière à n'être point cru sur tout le reste. A l'esprit excellent il joignait une application constante et un travail opiniâtre. Jamais homme peut-être n'a tant travaillé que depuis qu'il fut devenu le seul homme de confiance du régent. L'obscurité de sa naissance et l'éclat dans lequel il est mort, seront toujours, malgré l'envie, une preuve sensible d'un génie supérieur. Ses succès dans les négociations dont il fut chargé, ont été les degrès de son élévation. Plus il fut éprouvé, plus il parut digne des premiers emplois ; il s'était donné des peines infinies à Londres, à la Haye, à Hanovre, et partout il avait réussi. Il était juste qu'il fût récompensé. » *(Mémoires de la régence,* tom. 2, p. 146 et tom. 4, p. 252.)

Observez bien que l'auteur des deux derniers articles déclare que lui et sa famille avaient à se plaindre du cardinal, peut-être pour des refus que son devoir exigeait. Dans le dessein d'écrire l'histoire du duc d'Orléans, il dut faire une étude suivie du caractère et de la conduite de son ministre. Son témoignage doit donc prévaloir sur les calomnies des libelles où l'ignorance et la malignité se montrent à chaque page. Quand on ose blâmer des actions dignes d'éloge, on a la bassesse de supposer des intentions odieuses.

On a porté la fureur de le dénigrer, jusqu'à prétendre *qu'il riait en secret et se moquait de tout.* Cependant, quel homme favorisé de la fortune a montré constamment plus de gravité, plus de zèle pour le bien public, plus de circonspection, plus de dignité, plus de prudence que le cardinal pour se rendre digne des places éminentes qu'il occupait ? Quel malin Argus a pu découvrir des sentiments contraires dans le fond de son âme ?

« Le pape, remarque M. de Fontenelle, (page 356), mit l'archevêque Dubois au nombre des cardinaux, à la prière des souverains. Il parut être un prélat de tous les états catholiques, et un ministre de toutes les cours. »

Après tant de témoignages glorieux en faveur du cardinal, il serait superflu d'en rapporter d'autres que j'ai sous les yeux, entr'autres celui d'un observateur, qui pense qu'on mettait sur le compte de ce grand ministre jalousé, les désordres qu'on n'osait reprocher au Régent.

Le cardinal Mazarin fut également bafoué et encore plus persécuté, jusqu'à être forcé de sortir pour un temps de la France, quoiqu'il l'eût pour ainsi dire sauvée durant son ministère, qu'il fût très-aimable de sa personne, etc. « Les grands, dit M. Millot, ne lui pardonnaient par cette fortune immense qui le rendait maître de l'Etat. »

Si je ne voulais abréger cet essai, je pourrais aussi dévoiler les vils motifs, connus, de l'animosité des ennemis les plus marquants du cardinal, dont les modernes n'ont été que les téméraires échos.

La haute considération, l'estime et l'attachement que lui témoignèrent des personnages distingués par leur naissance, leurs dignités et leurs mérites, tels que les cardinaux de Rohan et de Bissy, les évêques de Nantes, de Soissons, de Clermont et l'assemblée générale du clergé de France, etc., etc., suffiraient pour justifier l'apologie du cardinal. S'il avait eu les vices et les torts que lui imputent ses détracteurs, ces illustres amis n'auraient-ils pas rougi d'entrenir publiquement des liaisons intimes avec lui, même avant son élévation ?

Je n'ajouterai qu'une lettre précieuse et inédite jusqu'à présent, du célèbre archevêque de Cambrai. L'auteur des *Mélanges de littérature* nous apprend, (mars 1810) que l'heureuse découverte qu'une personne vient de faire de cette lettre l'a engagé à insérer dans son journal le précis historique du cardinal, qui lui a été communiqué.

Fénélon avait eu l'occasion de lier connaissance avec M. Roujaut, Intendant de Maubeuge, au diocèse de Cambrai, et avec son épouse, à laquelle il écrivit en ces termes :

« Il me semble, Madame, que je reconnaîtrais mal vos bontés pour moi, si j'en doutais après tant d'expériences que j'en ai faites. Souffrez donc, s'il vous plaît, que je vous montre une pleine confiance pour une grâce que je dois vous demander. Monsieur l'abbé

Dubois, autrefois précepteur de monseigneur le duc d'Orléans, est mon ami depuis un grand nombre d'années. J'en ai reçu des marques solides et touchantes dans l'occasion. Ses intérêts me sont sincèrement chers. Je compterai, madame, comme des grâces faites à moi-même, toutes celles que vous lui accorderez. S'il était plus connu de vous, il n'aurait pas besoin de recommandation, et son mérite ferait bien plus que mes paroles. Il a une affaire importante, où vous et M. de Roujaut pouvez lui être très-utiles. J'espère que vous ne refuserez pas de lui faire sentir ce bon cœur qui m'a fait une si forte impression pendant que vous étiez dans ce pays. Vous êtes fort heureuse de n'y être plus. Nous ne voyons que ravage et misère, Dieu veuille nous donner une bonne paix ! C'est avec le zèle le plus sincère et le respect le plus constant que je serai toute ma vie, madame,

» Votre, etc.

» Fénélon, archevêque de Cambrai.

» A Cambrai, le 14 octobre 1711. »

Que les antagonistes du cardinal s'efforcent d'infirmer, s'ils le peuvent, le suffrage péremptoire du prélat généralement admiré par son esprit, ses vertus et sa tendre piété! Le cardinal n'en sera pas moins un grand homme, digne d'être mis au rang des plus célèbres ministres d'Etat dont s'honore la France, et qui ont bien mérité de la Patrie.

CHAPITRE XXVIII

—

Des citoyens de Brive, distingués dans l'ordre civil et militaire.

—

DES DE SELVE

Le dictionnaire de Moréri, celui des hommes illustres et quelques historiographes s'accordent à dire que l'ancienne famille noble des de Selve était originaire du Limousin, sans indiquer l'endroit précis ; mais la tradition constante à Brive qu'elle était sortie de cette ville, et d'autres indices ne permettent pas de douter de la première patrie de cette illustre maison. Chamborand de Selve était premier consul à Brive en 1531, et autre Chabisaud de Selve en 1581. Cette place alors importante n'était pas accordée à des étrangers. Brive a donc raison de s'honorer de l'origine de MM. de Selve, quoiqu'ils aient été expatriés dans la suite par des emplois éminents dans l'Etat.

Je trouve dans la généalogie de cette famille, Pierre de Selve, dit *de Mortirac*, cardinal au quatorzième siècle, deux évêques de St-Flour et de Lavaur; Jean de Selve, conseiller au parlement de Bordeaux ; plusieurs de Selve, ambassadeurs près diverses cours de l'Europe ; autre Jean de Selve, premier président successivement aux Parlements de Bordeaux, de Rouen et de Paris. Il se distingua dans nombre d'occasions intéressantes pour la couronne, surtout dans la bataille de Pavie, où François Iᵉʳ fut fait prisonnier par l'empereur Charles Quint, en 1525, et dans son ambassade en Espagne, où il réussit à négocier la rançon et la liberté du monarque. D'autres détails seraient ici superflus.

—

Damelin de la Sarétie, seigneur de, etc., gentilhomme ordinaire de la Chambre, dédia à Henri II sa traduction de Tite-Live, avec de savants commentaires et quelques opuscules dont j'ai perdu le souvenir. (Petit in-folio, belle édition du Louvre.)

L'ancienne maison des Damelin est éteinte depuis 1780.

N. de Lestang, lieutenant-général, président du présidial de Brive, l'un des commissaires nommés par le roi Henri II, pour faire le procès aux religionnaires rebelles en 1556.

Autre Lestang, premier président du présidial de Brive, faisait les fonctions d'Intendant dans les armées du roi en 1587, et jouissait d'une grande considération.

Antoine de Lestang, troisième du nom, président à mortier au parlement de Toulouse, principal fondateur du nouveau collége de Brive et du monastère des Ursulines, dont j'ai fait le détail ci-dessus. On voyait, avant la révolution, son beau mausolée en marbre, adossé autour du chœur des cordeliers de Toulouse. L'épitaphe, après avoir fait l'éloge des talents, des vertus, des bonnes œuvres du président, félicitait la ville de Brive de lui avoir donné naissance, etc. Voyez la note sur les deux évêques de cette illustre famille et celle des écrivains.

EXTRAIT DES MÉMOIRES DE M. DE ROUFINIAC, SEIGNEUR DE ROUFINIAC EN PÉRIGORD ET DE COUSAGES PRÈS BRIVE, HOMME DE LETTRES.

« François Dumas, lieutenant-général du présidial

de Brive, fit une mort chrétienne et pleine d'une bonne
vie. C'était le génie le plus fort, le cerveau le plus
rassis et le conseil le plus solide de son temps : arbitre
général de toutes les affaires les plus importantes de la
Guyenne, et un des plus illustres officiers de son siècle. Sa science, sa probité, sa fermeté et son zèle,
faisaient qu'il se dérobait à lui-même pour se donner
tout au prochain.

» Ce fut aussi cette haute considération qui fit que
le roi Louis XIII ne voulut jamais toucher de son
temps au démembrement du présidial de Brive (en
faveur de Tulle). Sa grande réputation le fit appeler
aux derniers Etats généraux, tenus à Paris en 1614,
où il se fit admirer. Sa capacité et son mérite firent
souhaiter à toutes les cours souveraines qu'il en fût le
chef. Le roi lui temoigna sa reconnaissance pour les
services qu'il avait rendus à l'Etat.

» François Dumas, second du nom, fils aîné du
président, premier président du présidial de Brive,
sieur de Neuville (ou Neuviale près Brive), obtint des
lettres de noblesse au mois d'août 1665, enregistrées à
la chambre des comptes de Paris, le 7 juin 1666, avec
un brevet de retenue. Les lettres d'ennoblissement le
qualifient de seigneur de Pradel, Lagotterie, Laganne,
baron de Neuville, maître des requêtes de la reine,
mère de Louis XIV, conseiller du roi en ses conseils
d'Etat, privé et des finances, premier président de la
cour présidiale du Bas-Limousin. M. de Roufiniac lui
dédia un de ses ouvrages en 1662. Il dit dans ses mémoires « que ce magistrat avait toujours son conseil
conforme aux desseins de Dieu... Qu'on voyait en lui
une majesté qui le faisait craindre, et une affabilité
qui le faisait aimer. Science consommée, profonde
humilité, il se portait fréquemment dans les hôpitaux
et dans les prisons, où sa bourse était plus souvent que

sa personne. Les pauvres remplissaient sa cour... Les plus spirituels se faisaient gloire de recevoir ses conseils. »

» Les princes, les maréchaux de France, les gouverneurs de province, les ducs et pairs, les intendants, prenaient sa maison à Brive (nommée encore *la Labenche*), non parce qu'elle était la plus belle, mais pour avoir la facilité de jouir de lui, et de profiter de ses conseils. Il n'y eut point d'affaire importante dans les provinces voisines, où il ne fût appelé. Le Parlement de Bordeaux le consulta souvent, et aurait souhaité de le voir y occuper les charges les plus éminentes.

» M. de Pontac, ayant été nommé premier président du Parlement de Bordeaux, ne trouva point d'asile plus assuré que la maison de M. Dumas, au milieu d'une infinité de dangers qu'une guerre intestine rendait inévitables. (La révolte des princes contre Louis XIV.)

» Il n'est point d'artifices que les ennemis de l'Etat ne missent en pratique pour corrompre M. Dumas, et se servir de son ascendant sur les esprits pour inspirer une révolte générale. Mais il ne fut point ébranlé par les promesses, ni intimidé par les cruelles et fréquentes attaques des ennemis jusqu'à ses portes. Son zèle porta les habitants de Brive à appeler pour la conservation des intérêts du roi, le régiment de Lorraine, se privant, eux et leurs enfants, d'une partie de leur nourriture pour faire subsister ces troupes. De plus, il mit une forte garnison dans son château de Neuville, pour conserver au roi cette place importante, et repousser les ennemis de l'Etat. Louis XIV lui en donna des témoignages de gratitude de la façon la plus obligeante. »

J'ignore l'époque de la mort de ce grand magistrat ; mais il vivait encore en 1692, puisque M. l'intendant lui donna cette année une commission à Brive. (Voyez chap. xxix.)

« Dumas, troisième du nom, fils du précédent, baron de Neuville. Lors de la retraite du président de Pontac chez son père, il alla, à la tête de la jeunesse de Brive, lui offrir jusqu'aux faibles efforts des enfants pour le défendre. La harangue qu'il prononça avec tant d'esprit fit juger au président que cet orateur n'avait rien de l'enfance que son âge. Paris admira, quelques années après, le baron de Neuville, lorsqu'en présence de beaucoup de prélats et de seigneurs de la cour, il passa au collége de Navarre pour un philosophe achevé ; il se fit depuis connaître avec distinction au Parlement de Bordeaux. »

Le savant historiographe du Limousin ajoute seulement que la famille de MM. Dumas de Peyzac n'appartient point à celle des Dumas de Brive, vu la grande différence de leurs armoiries.

Coudert, fameux jurisconsulte. On se souvient encore à Brive, après un siècle, du concours journalier d'étrangers, qui venaient de toutes les provinces demander ses conseils pour les causes litigieuses les plus intéressantes.

Desrofi-du-Grifolet, capitaine de haut-bord, distingué surtout par un combat opiniâtre près Cordouan, contre un vaisseau anglais fort supérieur, dont il s'empara au commencement du xviiie siècle.

Le baron d'Espagnac, lieutenant-général des armées du roi, élève et favori du maréchal de Saxe, cordon rouge, gouverneur des Invalides, à Paris, où il mourut en 1783 (1).

---

(1) De Sahuguet d'Amarzid, baron d'Espagnac, né à Brive le 28 mars 1713, mort le 28 février 1783.

Treilhard, célèbre avocat du clergé de France au Parlement de Paris, fit ses études au collége de Brive, sous la direction de son père, avocat distingué ; il est devenu successivement, par sa science, son activité et sa sagesse, l'un des grands jurisconsultes de France, l'un des cinq du Directoire exécutif, conseiller d'Etat, président de la section de la législation, comte de l'Empire, etc., né en 1742 (1).

Le général Brune, né à Brive d'une ancienne famille bourgeoise en 1763, conseiller d'Etat, maréchal de l'Empire, toujours victorieux dans ses belles campagnes d'Italie, de Hollande, de Suisse, de la Vendée et de la Poméranie. Il était chéri des soldats, dont il prenait grand soin (2).

Noble Sahuguet-Laroche, général de division, très-habile tacticien, commanda en Italie et en Espagne ; il est mort gouverneur à l'île de Tabago en 1798.

Noble Desbrulys, général de division, commandant de l'île Bourbon, où il a fini ses jours en 1809.

Gabriel Malès, avocat, député à l'Assemblée constituante en 1790, puis au conseil des Cinq-Cents, tribun en 1800, et actuellement maître en la cour des comptes (3).

Pierre Lachèze, homme de loi, juge distingué en la cour suprême de cassation, décédé à Paris en 1809.

---

(1) Jean-Baptiste Treilhard, né à Brive le 3 janvier 1742, mort à Paris le 1er décembre 1810 ; il fut inhumé au Panthéon.

(2) Guillaume-Marie-Anne Brune, maréchal de France, né à Brive le 13 mars 1763 ; victime de la réaction royaliste, il fut assassiné le 2 août 1815, dans un hôtel d'Avignon. Ses concitoyens et ses compagnons d'armes lui ont élevé, dans sa ville natale, une statue qui a été inaugurée en 1842.

(3) Gabriel Malès, né à Brive le 31 décembre 1755, mort le 15 avril 1837.

(Notes de l'Éditeur.)

J'omets, pour abréger, un grand nombre d'autres citoyens de Brive de divers états, qui se font estimer dans plusieurs villes par leurs talents et par leurs emplois.

CHAPITRE XXIX

*Des principaux écrivains et avocats origi-
naires de Brive, dignes de mémoire.*

Antoine de Lestang, président au Parlement de Toulouse, publia successivement, vers 1618 : 1° l'*Histoire
des Gaules*; 2° *Arrêts du Parlement de Toulouse*; 3° *Traité
de la réalité du Saint-Sacrement de l'autel*; 4° *Traité de
l'orthographe française*; 5° *Histoire des Goths et des Visigoths.*

Dumas, président (voyez page 191), outre ses éminentes qualités, était encore bon écrivain et poète,
comme on peut en juger par l'épître suivante.

Denis Vielbans, d'une famille honorable divisée en
plusieurs branches à Brive, après avoir brillé quelque
temps au barreau du présidial de cette ville, fut chercher un plus grand théâtre à Bordeaux. Dans un âge
avancé, plein de science et d'une longue expérience, il
fit imprimer, en 1673, un savant traité sur toutes les
matières bénéficiales en forme d'histoire, selon le droit
civil et canonique. Cet ouvrage in-4°, précieux en son
temps, a dû servir, par son érudition, aux auteurs qui
ont écrit depuis sur la même matière. Vielbans le
dédia à Mgr de Béthune, archevêque de Bordeaux, qui
l'avait pressé de le composer. Son éloge de la part d'un
personnage tel que le président Dumas mérite d'être
conservé.

D. D. VIELBANS

Annorum nullá vir fortis mole gravaris.
In te longævo mens animusque vigent.

Nec miràm in natis patrum fortissima virtus
  Naturæ dono sæpè vigere solet.
Nostra senatorum Brivensis Curia dignum
  Gaudet, ovatque tuum quondam habuisse patrem,
Ex atavisque tuis Prætorem Curia nostra
  Virtute insignem grata, memorque Colit.
Olim nascentem placido lumine vidit
  Calioppe, atque tibi semper amica fuit.
Arrisitque tibi Musarum doctor Apollo,
  Teque senem ac juvenem fovit amore pari.
Briva hilaris nasci te intra sua mænia gaudet,
  Doctrinæque offert prima elementa tibi.
Libasti Musas Brivæ te deindè sororum.
  Mox ad Burdigalam docta Camæna trahit.
Illic doctrinæ miro te proluis auro,
  Romanique tibi juris aperta via est.
Deindè arcana tibi patuere ænigmata legum,
  Invasit pectus tota Themisque tuum.
Tùm primo obtutu nostram revocaris in urbem,
  Prædulcis patriæ publica vota petunt.
Te civem Brivæ exoptat nosterque Senatus.
  Te non fert tanto posse carere viro.
At Brivæ et nobis melior sententia sedit,
  Maturè postquam res agitata fuit.
Non secùs ac fusá noctis caligine cæco,
  Alma iteràm mundo lux renovata micat.
Tunc, res mira ! vident cæci, phantasmata noctis.
  Diffugiunt noctuque latuere patent.
Consilio irradiata novo sic Patria vota,
  Pro redditu cœpit tùm revocare tuo.
Tunc etenim vidit præsagá mente futuri,
  Burdigala vestris te fore dulce decus.
Quæque reflexa tuam natalem gloria in urbem,
  Indè redundaret, tunc manifesta fuit.
Te fore Burdigalæ degentem numen amicum,

Felicis cujus Briva vigeret ope.
Te patriæ fore præsidium, fortemque patronum,
Tunc notum nobis perspicuumque fuit.
Tot ventura tuo miracula parta labore,
Tùm patuere tuus doctus et ipse codex.
Hoc tibi opus cunctos devincit juris amantes,
Venturumque docet clerica jura forum.
Pontificum leges collecto robore firmas,
Harum uno glomeras lumina sparsa globo.
Nobile sic stemma illustras ut nobilis ordo,
Ipse tuâ rursùm nobilitetur ope.
Ille tuus labor est clarissima meta laborum,
Atque senectutis digna corona tuæ.
Cuncta tibi labor ille dabit per sæcula nomen,
Hoc Brivæ æternùm fama perennis erit.
Grata Vielbano sint hæc mea carmina nostro,
Atque in eum studii sint monumenta mei.

DUMAS, Proto-Præses Brivensis.

Un autre poète anonyme adressa aussi à M. Vielbans une petite pièce en vers latins. Je la supprime, parce qu'elle contient les mêmes éloges que la précédente.

Maigne, avocat du roi à l'élection de Brive, au dix-septième siècle, auteur d'un élégant ouvrage intitulé : « *De facili scientiarum omnium adipiscendarum arte, decades decem.* »

Jean Larenaudie, Jésuite, d'une ancienne famille qui avait des chevaliers de Malte, auteur de trois ouvrages : 1° *Affectus animæ devotæ;* 2° *Promptuarium prædicabile (1610);* 3° *Francopolita (1619),* mort en 1646.

Fonteneil, avocat. *Histoire des mouvements de Bordeaux en 1649, 1650 et 1651;* décédé en 1652.

François Solier, Jésuite, auteur de dix-sept livres sur divers sujets d'histoire et de religion, d'une *Histoire du Japon,* où il avait été; mort en 1688.

Etienne Algay-de-Martignac, clerc tonsuré, bel esprit recherché dans les sociétés de Paris, l'un des quarante premiers de l'Académie française établie par le cardinal-ministre Richelieu, auteur des traductions estimées de son temps, de Térence, d'Horace, de Virgile, de Juvenal, de Perse, d'Ovide, des mémoires sur Gaston de France, des éloges des archevêques de Paris ; mort en 1698.

Daniel de Cosnac, archevêque d'Aix. Mémoires pour la paix de Bordeaux, sermons divers, discours *contre les maximes des Saints*, par Fénélon ; mort en 1718.

Jean-Sébastien Pascher, ex-doctrinaire, curé de l'hôpital général de Brive, auteur d'un poëme intitulé : *Florus sanctus, seu épitome historiæ sacræ* (1730), d'environ 2,400 vers hexamètres. Le style en est facile et coulant. On le fit apprendre aux écoliers des basses classes du collége de Brive, jusqu'à ce que l'édition fut épuisée.

Le baron d'Espagnac, désigné ci-dessus, fit imprimer la vie du maréchal de Saxe, son protecteur, et deux volumes estimés sur le service des places de guerre.

M. de Lubersac, prieur royal du chapitre de Brive et abbé de Noirlac, publia, vers 1770, un ouvrage sur les monuments à ériger en l'honneur des princes et des nations. Il le dédia à l'impératrice de Russie, Catherine II, qui faisait travailler en ce genre pour Pierre-le-Grand. Un volume in-folio, de 2 à 300 pages, avec des modèles gravés en taille-douce.

Salviat, conseiller au présidial de Brive, membre de plusieurs Sociétés littéraires, publia en 1787 un volume in-4° sur la jurisprudence du Parlement de Bordeaux. Cet ouvrage, bien écrit et d'une grande érudition, est fort estimé par les jurisconsultes. On en fait l'éloge dans la nouvelle édition des œuvres de Lapeyrère, savant avocat de Bordeaux.

Salviat fit aussi imprimer quelques opuscules, pendant qu'il était secrétaire du bureau d'agriculture de Brive.

Cabanis, avocat, grand littérateur et agriculteur, auteur entr'autres d'un ouvrage sur la greffe, qui remporta le prix de l'Académie de Bordeaux et fut réimprimé par ordre de l'Institut, membre zélé du bureau d'agriculture de Brive; mort en 1786.

Cabanis, fils du précédent, médecin, sénateur, de l'Institut de France, auteur de plusieurs opuscules de médecine et de littérature. Son fameux traité *des rapports du physique et du moral de l'homme*, trop métaphysique et conjectural, favorise malheureusement l'absurde matérialisme d'Helvétius son maître et ami; mort en 1808 près de Paris (1).

Rivet, avocat, lieutenant-général de l'Election de Brive, père du préfet de l'Ain, décédé en 1787, travailla avec succès dans de grandes causes à Paris, à Bordeaux et autres villes, ainsi que dans sa province. Il saisissait rapidement l'état des affaires les plus compliquées, et écrivait de même.

Serre, avocat du roi au présidial de Brive, laborieux et savant jurisconsulte, avait écrit de sa propre main plusieurs volumes de recueils de sentences et d'arrêts de divers tribunaux. Il était distingué surtout par un rare talent de porter la parole avec autant d'aisance que de dignité. Sa bibliothèque ayant été pillée à Bordeaux, durant l'horreur de la Révolution, dont il fut

---

(1) Pierre-Jean-Georges Cabanis, célèbre médecin et philosophe, né le 5 juin 1757, à Cosnac, près Brive; mort à Rueil, près Paris, le 5 mai 1808.

la victime en 1793; ses mémoires pour l'histoire de Brive ont presque tous disparu.

Martignac-de-Gaye quitta le barreau de Brive pour aller s'établir plus avantageusement à Bordeaux. Il y jouit depuis longtemps de l'estime publique et d'une grande réputation, tant par ses plaidoyers au Parlement, que par le grand nombre de ses mémoires ou *factums* imprimés sur toutes les matières, qui annoncent un bon écrivain et un savant jurisconsulte (1).

Lachapelle, avocat, ex-président du tribunal de première instance de Brive, est consulté même par ses collègues, et reconnu pour le premier jurisconsulte de l'arrondissement.

Latreille, prêtre, domicilié depuis quelques années à Paris, correspondant de l'Institut, éditeur d'une nouvelle édition de Buffon, corrigée et enrichie de savantes notes ; il est très-estimé par son histoire descriptive des insectes peu connus avant lui (2).

De crainte de paraître trop diffus aux étrangers, je ne parlerai point de plusieurs autres écrivains de Brive, plus ou moins estimables, dont j'ai recueilli la notice. J'en ai dit assez pour prouver que les Brivistes ont toujours aimé à cultiver la jurisprudence, les sciences et les beaux-arts.

---

(1) **M.** de Martignac, le célèbre ministre de la Restauration, né à Bordeaux en 1776, mort en 1832, était le fils de l'avocat briviste Martignac-de-Gaye, ou plutôt Gaye de Martignac, dont il est ici question.

(2) Pierre-André Latreille, entomologiste célèbre, né à Brive le 29 novembre 1762, mort à Paris le 6 février 1833 ; auteur de nombreux ouvrages sur l'histoire naturelle des insectes.

Nous ne savons pas si, comme le dit Leymonerie, Latreille avait été ordonné prêtre ; toujours est-il qu'il abandonna l'habit religieux sous la Révolution, et qu'il ne le reprit point.

(Notes de l'Éditeur.)

CHAPITRE XXX

---

*Suite de l'Histoire de la ville de Brive et de
ses environs.*

Afin de mieux disposer séparément les divers objets
de cet ouvrage, j'ai interrompu le cours de l'histoire
générale de Brive et des environs au chapitre xix, vers
la fin du xvi⁰ siècle. Je vais la reprendre et tâcher de la
conduire jusqu'à l'époque présente.

Les guerres sanglantes et presque continuelles pendant les règnes de Louis XIII, de Louis XIV et
de Louis XV, ne se firent guère ressentir dans le Bas-
Limousin, que par la levée et le passage des soldats,
et par des contributions en denrées ou en argent. Ce
pays, hérissé de montagnes et peu fertile en général,
n'est pas propre au séjour des armées et à la disposition des batailles. Il faut donc y chercher des événements d'un autre genre, moins bruyants et moins
désastreux.

Louis XIII se rendant, en 1643, à Montauban, place
si vigoureusement défendue par les Huguenots qu'il
fut obligé d'en lever le siége, fit son entrée à Brive, et
y fut reçu à peu près comme Louis XI. (Voyez chap. xvi).
A en juger par les libéralités qu'il fit à l'église (voyez
chap. iv), il dut donner d'autres témoignages de bienveillance à la ville, quoique les consuls n'aient pas
voulu se donner la peine de les consigner dans le registre public : ils ont eu la même négligence à l'égard

du passage des rois Charles-le-Bel, en janvier 1324,
et Philippe VI, en décembre 1335. Le curé Nadaud
observe seulement dans ses savants mémoires que ces
deux princes visitèrent les fortifications de la ville et
firent quelques règlements en sa faveur. Brive était
alors une place de guerre importante, comme frontière
de la Guienne occupée par les Anglais. On peut en
juger d'après cette longue suite de concessions accordées par les monarques pour l'entretien des fortifications, par les ordonnances des gouverneurs, des
généraux, des commissaires, etc., dont il a été fait
mention.

J'ai heureusement découvert une copie des deux
pièces suivantes.

Dans une requête présentée à monsieur l'intendant
de Limoges, en 1646, les habitants de Brive solli-
citent la diminution de leur taille ; ils exposent :

« Que les villes de Limoges et de Tulle, cotisées
par le conseil, ne paient pas le quart de la taille de
Brive, en proportion des domaines qu'elles possèdent
dans l'étendue de l'élection... Que leur ville est ruinée
par le fréquent logement des gens de guerre, par des
garnisons de plus de mille hommes durant plusieurs
mois, surtout par un corps de douze mille soldats, qui
ont logé et vécu dans la ville à discrétion pendant plusieurs jours, pillant et ravageant le pays, sans qu'on
ait pu obtenir du roi le moindre dédommagement, ni
même le remboursement des étapes depuis deux ans....
Que ce passage continuel de troupes est d'autant plus
onéreux pour la ville, qu'elles ne logent pas dans la
vicomté de Turenne, dont les paroisses entourent
presque celle de Brive. »

L'an 1692, les consuls de Brive présentent à monsieur l'intendant de Limoges une requête où ils exposent : « Que par arrêt du conseil de 1689, il fut or-

donné qu'il serait levé vingt sous par barrique de vin
étranger qui entrerait dans Brive, pour être employés
pendant dix années au paiement des sommes emprun-
tées par la ville, afin de former six compagnies d'infanterie, présentées et agréées par Sa Majesté... Les
suppliants demandent qu'il soit ordonné de procéder
au bail à ferme dudit droit d'entrée sur les vins, tant
pour le susdit emprunt que pour la réparation de
l'Hôtel-de-Ville, tombé en ruines... M. l'intendant faisant droit à la requête, le 10 février 1692, commet
M. Dumas de Neuville, premier président au présidial de Brive, pour faire procéder à l'enchère publique
de la ferme du droit sur les vins, et dresser procès-
verbal de l'état des bâtiments de l'Hôtel-de-Ville, ce
qui fut exécuté. »

Ces fâcheux événements étaient occasionnés par la
guerre opiniâtre avec l'Espagne durant la minorité de
Louis XIV, et par les autres qui coalisèrent une
grande partie de l'Europe contre la France. Ce monarque, presque toujours victorieux dans un grand
nombre de sanglantes batailles, força enfin les confédérés à signer la paix générale à Riswik, en 1697. La
guerre recommença avec plus de violence que jamais,
au sujet de la succession à la couronne d'Espagne en
1700. Louis XIV réussit enfin à y établir son petit-
fils, sous le nom de Philippe V. La paix fut signée à
Utrecht en 1712. D'autres détails ne conviendraient
point à cet ouvrage; j'en ai dit assez pour faire entrevoir ce que les peuples eurent à souffrir des suites de
toutes ces guerres.

—

Il existe de temps immémorial un projet de canal
de navigation, depuis le confluent de la Vezère et de la
Dordogne à Limeuil près de Sarlat, jusqu'à la jonc-
tion de la Corrèze et de la Vezère dans la plaine de

Brive. Les ingénieurs assurent que cet ouvrage est d'une assez facile exécution dans sa longueur d'environ dix grandes lieues, d'autant mieux que les bateaux de Limeuil montent chargés, hors le temps de sécheresse, jusqu'à Saint-Léon, à moitié chemin du canal, et même quelquefois jusqu'à Montignac.

Henri IV et Sully avaient connu l'avantage de ce canal pour le Haut-Périgord, le Limousin et une partie de l'Auvergne ; en conséquence, les élections de Sarlat et de Brive fournirent une somme de 150,000 francs ; mais la mort tragique de ce grand roi en 1610, fut cause que le sacrifice de cette somme fut en pure perte pour le pays.

Le projet fut repris avec ardeur sous Louis XIV. On imposa sur les généralités de Bordeaux et de Limoges la somme de 120,000 francs, par arrêt du conseil du 24 décembre 1682, pour commencer le canal, la somme payable en quatre années. Elle était perçue en entier en 1687 ; les malheurs du temps la firent employer comme la première à d'autres besoins de l'État. On évalue ces deux sommes à près de 700,000 francs de la valeur actuelle. Le projet n'est pas encore entièrement abandonné ; mais la grande route de Bordeaux à Lyon, passant par Périgueux, Brive, Tulle et Clermont, déjà fort avancée, retardera longtemps vraisemblablement l'entreprise du canal (1).

---

(1) Ce projet de canalisation de la Corrèze et de la Vezère a été repris plusieurs fois, notamment vers 1826. Le comte Alexis de Noailles, pair de France, un des hommes les plus distingués du pays à cette époque, sacrifia une partie considérable de sa fortune pour faire achever les étud s et préparer les plans de ce canal. On aurait pu croire que cet homme de bien voulait dédommager la ville de Brive des suites du procès qu'elle avait perdu, depuis plus d'un demi-siècle, contre le duc de Noailles, membre

Si cet ouvrage avait lieu, Bordeaux, Libourne et Bergerac enverraient facilement à Brive, pour tout le pays voisin, le sel, les produits des deux Indes, les vins, le plâtre, la résine, le goudron, les poissons salés, etc., etc. Les bateaux de retour chargeraient à Brive des eaux-de-vie, de belle ardoise, d'excellentes meules à aiguiser, des châtaignes, des haricots, des blés d'Espagne et sarrasins, des fruits verts et secs

---

de la même famille, mais non de la même branche. Les travaux furent commencés et exécutés jusqu'à Montignac, mais ils s'arrêtèrent là.

Plusieurs années après, cette canalisation fut remise en question, et cette fois avec l'idée nouvelle de la continuer jusqu'au chef-lieu du département. Une commission fut nommée ; elle se composait des notabilités des trois arrondissements de la Corrèze. Cette commission se réunit à Tulle, et, après la lecture des rapports des ingénieurs, qui tous déclaraient impossible l'établissement du canal jusqu'à Tulle, à cause de la différence de niveau entre le pont *Cardinal* (à Brive), et le pont de la *Barrière* (à Tulle), qui est de cent un mètres, le président de la commission — un Tulliste sans doute — s'écria : « Eh bien ! puisque le » canal ne peut pas monter jusqu'à Tulle, il ne montera pas » même jusqu'à Brive !... » Ces paroles *textuelles* sont malheureusement trop caractéristiques pour avoir besoin de commentaires.

La majorité de la commission fut de l'avis de son président, et c'est ainsi que s'évanouit à jamais ce beau rêve de la canalisation de la Vezère et de la Corrèze, dans lequel s'étaient complu les arrondissements de Brive et de Sarlat pendant plus de deux siècles, depuis le règne d'Henri IV.

Il n'est pas utile d'insister sur les avantages commerciaux que ce canal aurait procurés à nos contrées centrales ; ils eussent été très-importants. Ces avantages n'ont été, ou ne seront peut-être compensés — et le seront-ils même complétement ? — que par l'établissement des chemins de fer qui unissent déjà Brive depuis 1860, Tulle depuis 1871, et qui vont unir prochainement Ussel aux grands centres de production et de consommation.

(Note de l'Éditeur.)

très-estimés, du merrain, des fèves, du seigle et de l'avoine, des huiles de noix et de lin, etc., etc.

—

Par un arrêt du conseil d'État du 12 mai 1761, le roi établit dans la généralité de Limoges une Société d'agriculture, divisée en trois bureaux ; à Limoges, à Angoulême et à Brive, qui se correspondaient. Le bureau de Brive, composé de personnes distinguées par leur naissance, leur zèle et leurs lumières, rendit de grands services au département de la Corrèze, en faisant la recherche des mines du pays ; en introduisant quelques moutons de race d'Espagne, en favorisant la culture des pommes de terre, devenues d'une si grande ressource, malgré le préjugé du peuple qui n'en faisait d'abord aucun cas ; en publiant enfin d'excellents mémoires sur divers objets d'agriculture. Cet utile établissement, comme tant d'autres, n'a pu se soutenir ; mais le fruit de ses travaux n'est pas entièrement perdu.

—

Par les soins de M. Turgot, intendant de Limoges, qui affectionnait la ville de Brive, Sa Majesté accorda des lettres patentes (1764), pour y établir une manufacture royale. Le bâtiment, quoique trop écrasé, ne laisse pas que d'orner les remparts. L'entrepreneur, M. Leclere, y fit d'abord fabriquer des étoffes légères en soie, des mouchoirs, des gazes, des mousselines, etc. Ces objets eurent un prodigieux débit en France et chez l'étranger.

Peu de temps avant la Révolution, M. Leclere changea de dessein. Ayant acquis près de la ville un terrain très-propre à son entreprise, il y fit construire un vaste édifice pour une filature de coton, et fut chercher, au péril de sa vie, d'habiles ouvriers en Angleterre. La filature est en pleine activité, malgré la pénurie des cotons. La plupart des pièces de cette ingénieuse mécanique sont mises en mouvement par la seule impulsion de l'eau. On en tire des cotons d'une finesse et d'une solidité surprenantes. Les voyageurs conviennent que c'est un des plus beaux établissements de ce genre qui existent en France : il rivalise avec ceux d'Angleterre. M. Leclerc s'étudie à le perfectionner de jour en jour, et se propose d'y ajouter, à ce qu'on dit, une nouvelle manufacture de papeterie (1).

Les bâtiments de l'ancienne, par arrêt du conseil d'État en 1786, ont été déclarés appartenir à la ville, qui avait fourni le terrain et une partie des frais de construction ; mais ils devinrent peu après biens nationaux, et furent vendus comme tels à divers particuliers. Deux tanneurs, entre autres, et un teinturier, en ont tiré grand parti.

Le petit pont sur le canal du moulin, si utile et si commode, surtout pour la tenue des foires, pour le blanchissage et pour aller dans les jolies promenades de la Guierle, fut construit aux dépens de la ville en 1800. Le dessus n'est qu'en bois, en attendant qu'on trouve les moyens de le bâtir en pierre (2).

———

(1) Cette manufacture de coton, si prospère au commencement du siècle, n'existe plus ; elle n'a pu se soutenir par suite de la crise cotonnière qui sévit aux États-Unis vers 1850. La perte de cette industrie a été fort préjudiciable aux intérêts du pays.

Outre les bâtiments qu'ils avaient à Brive, MM. Leclerc avaient fait élever à Malemort, pour leur filature, d'importantes constructions, dans lesquelles est établie aujourd'hui la papeterie mécanique de M. Élie Massénat.

(2) Ce pont est aujourd'hui construit en fer.

(*Notes de l'Éditeur.*)

CHAPITRE XXXI

—

Des procès entre les seigneurs de Noailles et la ville de Brive.

La nature et le résultat des dernières contestations entre MM. les ducs de Noailles et la commune de Brive sont si extraordinaires et hors des règles générales de la justice, qu'il n'est pas inutile d'en transmettre le souvenir à la postérité. Nos descendants éclairés en tireront les conséquences que j'omets ici par discrétion et pour abréger ; ils y apprendront combien les magistrats chargés de la direction des affaires publiques d'une commune ont besoin de zèle, de prudence et d'instruction pour défendre généreusement les droits de leurs commettants, trop souvent négligés par défaut de ce qu'on appelle patriotisme ou esprit public.

On a pu voir, dans les chapitres vii, viii et ix, l'origine et le progrès des usurpations des seigneurs de Malemort et de Turenne au préjudice de la ville de Brive. Tout y annonce la violence et l'abus d'autorité qui faisaient gémir les peuples dans des siècles d'ignorance et de barbarie. Les droits de nos monarques recouvrés, les nouvelles lumières propagées dans l'État.... commencèrent à modérer les excès du règne monstrueux de la féodalité ; mais le mal était si grand et si invétéré qu'une révolution épouvantable en elle-même a pu seule en extirper jusqu'à la racine.

Depuis la fameuse transaction de 1361, où, pour arrêter les désastres d'une guerre permanente, la ville de Brive, selon l'expression de M. Treilhard, *n'acquérait rien et donnait tout*, en cédant les deux tiers de la justice qu'elle possédait sous la mouvance de nos rois, et en s'assujettissant à une reconnaissance pour le tiers qu'elle conservait, etc., depuis, dis-je, cette transaction, le sort des habitants de Brive était fixé et leur annonçait une paix nécessaire pour réparer les suites des calamités qui désolaient la France. La guerre avec les Anglais, et plus encore le fanatisme du duc de Bouillon, devenu chef des Huguenots, et par là l'ennemi acharné de Brive, mirent le comble à la misère de cette ville et de ses environs.

Ces orages dévastateurs avaient heureusement disparu depuis quelques siècles, lorsque la triste destinée de Brive lui suscita un redoutable adversaire, que la patrie avait nourri dans son sein, comme le serpent de l'apologue.

François de Noailles, évêque d'Acqs, acheta la baronnie de Malemort le 15 mars 1581. Le duc de Bouillon vendit au roi, en 1738, le tiers de sa co-seigneurie de la ville de Brive, et Sa Majesté en fit cession à M. le duc de Noailles en 1740. Ce fut le signal des nouvelles persécutions suscitées contre Brive. Le sieur Lavergne, puisqu'on est obligé de le nommer, était maire de Brive en 1724. Dans cette place honorable, il paraissait soutenir de bonne foi les droits et les prérogatives de sa cité. On voit dans plusieurs actes publics dirigés et présidés par lui qu'il ne manquait pas, tant en sa qualité de maire qu'au nom des citoyens de Brive, de prendre le titre d'usage de baron co-seigneur de la ville, jouissant par indivis de la haute justice, etc. Mais quelques années après, devenu intendant de la maison de Noailles, il changea de système, et ne rougit pas de contester à sa patrie les titres utiles et honorifiques qu'il se faisait un devoir de lui conserver lorsqu'il en partageait les avantages.

Sa politique versatile était évidemment de se rendre important dans son nouvel emploi, et de sacrifier ses anciens concitoyens à son ambition et à sa fortune. On ne trouverait ici rien d'exagéré, en comparant le ton de fausseté, d'aigreur et de mépris de ses répliques aux mémoires polis, solides et modérés de M. Treilhard, dans ses défenses de la ville de Brive contre les prétentions de la maison de Noailles (1). Les illustres seigneurs de ce nom, comblés d'honneurs, des dons de la fortune, et généralement estimés par leurs qualités personnelles, auraient vraisemblablement laissé vivre en paix les habitants de Brive, qui de leur côté ne demandaient que l'exécution des traités communs confirmés par l'usage. Tout concourt donc à rejeter sur l'intendant de ces puissants seigneurs les nouvelles entreprises combinées et poussées à l'excès, à la faveur de leur nom imposant.

« Vous réclamez, observe M. Treilhard, la propriété et la disposition des murs et fossés de la ville de Brive ; vos prédécesseurs ne les ont jamais réclamées. Nous avons veillé seuls à leur construction et à leur entretien ; ils sont cimentés de la sueur et du sang de nos pères ; c'est à l'abri de ces murs que nous avons défendu notre état et notre liberté contre les seigneurs de Turenne et de Malemort, que vous représentez. Ces remparts nous ont protégés quand ils ont voulu nous

---

(1) La collection de ces factums, de part et d'autre, forme un volume in-4°, curieux pour les amateurs du barreau. J'en connais deux exemplaires à Brive, chez MM. V. et S.

(Note de l'Auteur.)

15

contraindre par la force de leurs armes à trahir notre souverain, et à nous rendre leurs vassaux.

» Pendant deux siècles entiers ils ne se sont occupés que du projet de les renverser. Depuis que nos monarques, devenus plus absolus, ont réprimé les efforts de ces vassaux indociles, aucun acte de bienfaisance de leur part n'a effacé les maux qu'ils nous avaient fait souffrir, et ils ne sont connus que par des meurtres et des incendies. Eh quoi ! vos auteurs auront d'abord arrosé nos murs de notre sang, ils auront vu nos ancêtres sacrifier leur fortune pour pourvoir à leur entretien, ils ne se sont montrés ni lorsqu'il a fallu les réparer ou les défendre contre les ennemis de l'État, et aujourd'hui que leur destruction laisse un emplacement que vous annoncez vous-mêmes de la valeur la plus mince, vous voudriez nous arracher cette faible ressource ! Vous nous disputeriez le prix de nos travaux et de notre sang ! Nous osons le dire, cette demande, formée sous votre nom, ne l'a pas été de votre aveu : nous ne voulons que vous pour juges, et nous ne prenons pour défenseur que votre équité.

» Telle est la défense que nous adresserions à M. le duc de Noailles, si nous prétendions nous-mêmes la propriété des murs et des fossés de notre ville ; mais quelle que soit notre possession, quelle force qu'elle ait pour repousser les vues de son adversaire, nous reconnaissons que cette propriété ne peut résider pleinement que dans les mains du roi, et sous ce second rapport, M. le duc de Noailles est encore plus mal fondé dans sa demande. » *(Premier mémoire de M. Treilhard, 1769.)*

Le second mémoire de M. Treilhard, en 1770, démontre encore d'une manière plus lumineuse et plus décisive que le premier, le faible et le vice des prétentions contestées à M. le duc de Noailles. Ses agents, entre autres chefs de ses prétendus droits, le représentent comme seul seigneur haut-justicier et même direct de Brive. Il est cependant de notoriété publique que dix corps ou habitants de cette ville y possèdent de temps immémorial plusieurs censives directes, et que d'autres tiennent leurs maisons en franc-alleu.... C'est dans les propres terriers, fournis maladroitement par les agents de M. le duc de Noailles, qu'on trouve des armes pour le combattre.

Ses terriers de 1330 et 1375 ne comprennent que trente-quatre maisons dans leur censive, sur plus de six cents que contenait alors la ville. Il est vrai que le terrier de 1741 renferme cent soixante-quatorze maisons ; mais cet accroissement subit n'est qu'un effet de la ruse et de la surprise. Le sieur Lavergne imagina un stratagème insidieux, qui devait bientôt acquérir à MM. de Noailles toutes les censives particulières et les francs-alleus de la ville.

Abusant du privilége de *committimus* de M. le duc de Noailles, et de la maxime équivoque : *point de terre sans Seigneur* (voyez page 55), il faisait sommer de temps en temps divers particuliers de reconnaître la directe de leurs maisons, avec menaces de les traduire au tribunal des enquêtes du Parlement de Paris. Ces propriétaires, hors d'état de lutter contre un puissant seigneur de la cour, préféraient se soumettre à une modique redevance, plutôt que de s'exposer aux frais et aux embarras d'une procédure, à cent vingts lieues de leur demeure, presque assurés d'ailleurs d'y perdre leur cause.

D'après ce trait frappant et tant d'autres développés dans les savants mémoires de M. Treilhard, dont je n'ai dû donner qu'un extrait très-abrégé, mais suffisant pour la majeure partie des lecteurs, il n'est pas fort surprenant que la ville de Brive ait succombé dans ses légitimes défenses, et que M. le duc de Noailles ait obtenu, même au préjudice des droits royaux, la possession de toutes ses demandes. Il n'est pas douteux que si tout autre seigneur, aussi puissant et aussi accrédité, avait joui du quart ou de la moitié des droits bien établis de la ville de Brive, il n'y eût été maintenu irrévocablement. La Providence n'a pas permis que le vainqueur profitât longtemps de son triomphe. Les nouvelles lois de l'Empire ont mis heureusement les parties hors de cours et de procès. On peut donc dire maintenant, à l'imitation d'un fameux vers de Claudien :

Abstulit hunc tandem regni lex æqua tumultum,
Absolvitque Deos......

CHAPITRE XXXII

—

De quelques événements extraordinaires arrivés à Brive durant les désordres de la Révolution.

On a déjà publié tant d'histoires de la dernière Révolution française, qu'il serait superflu d'en ajouter ici une nouvelle. Il me suffit de rappeler quelques faits extraordinaires et particuliers à la ville de Brive et à ses environs.

Dès que l'enthousiasme révolutionnaire de la capitale commença à se propager dans les provinces, des intrigants dangereux se hâtèrent d'égarer le peuple, toujours avide de nouveautés, sans être en état d'en prévoir les funestes conséquences. Les premiers objets attaqués, ce qui devait faciliter l'attaque des autres, furent les monuments de la religion. Dans Paris même, dans Bordeaux et autres grandes villes du royaume, on respecta les temples de la Divinité, et l'on se contenta d'en fermer l'entrée jusqu'à nouvel ordre ; mais à Brive le délire fut tel que, dans un jour, les douze églises furent dévastées. On blasphéma le Tout-Puissant ; on profana les vases sacrés ; on promena en dérision les ornements du culte, en chantant durant cette infâme bacchanale le triomphe de la raison. Les hordes des sauvages les plus féroces de l'Amérique n'ont jamais donné de spectacle aussi révoltant. Les impies jetèrent effrontément le masque, que plusieurs ont repris depuis.

Les prétendues sociétés populaires devinrent bientôt le théâtre des factions, où les plus ignorants et les plus immoraux maîtrisaient la scène. Les sages citoyens qui avaient le courage de s'y rendre tâchaient de modérer la violence des discussions; mais ils étaient en trop petit nombre. Les autres habitants, amis de l'ordre, de la paix, dédaignaient de venir à leur secours : ils laissaient ainsi, par fausse politique, le champ libre aux démagogues, et se plaignaient ensuite du résultat des délibérations que leur présence seule aurait pu influencer.

Deux proconsuls, lachés successivement comme des bêtes féroces, vinrent de la capitale pour augmenter la calamité publique. Entourés de satellites dignes de leur faire la cour, ils firent piller et démolir une des plus belles maisons de la ville pour amuser le peuple, guillotiner un vénérable vieillard et une femme innocente, pour servir d'exemple, disaient-ils(1). Un reste de

(1) Le 7 août 1795, les habitants de Brive dénoncèrent à la Convention nationale le représentant Lanot qui, disaient-ils, s'était fait précéder dans cette ville par deux bourreaux et la guillotine, et qui avait fait exécuter un vieillard, père de onze enfants, dont le cadavre mutilé demeura exposé aux regards du public pendant vingt-quatre heures.

Lanot se défendit en ces termes contre ces accusations :

« Une révolte avait éclaté dans le département de la Corrèze ; la statue de la Liberté avait été brisée, le drapeau tricolore déchiré, et la cocarde nationale foulée aux pieds. Je fis venir le tribunal criminel sur les lieux pour juger les auteurs de ces délits ; le tribunal fit venir après lui le bourreau et la guillotine. Je n'ai point ordonné l'exposition du cadavre ; mais comme les juges craignaient que les mouvements ne recommençassent, ils me dirent que ce spectacle imposerait, et je ne m'y refusai point. »

Quelques députés prirent la défense de Lanot, notamment un de ses collègues de la Corrèze, le représentant Brival, mais

pudeur naturelle et la crainte de l'opinion publique les empêcha de sacrifier d'autres victimes; mais ils s'en dédommagèrent en faisant incarcérer inhumainement plusieurs centaines de citoyens des deux sexes, auxquels ils n'avaient à reprocher que le terrible et le banal soupçon d'être suspects.

L'esprit de vertige s'emparant de plus en plus, même du peuple des campagnes, les grands meneurs réussirent à former un attroupement d'environ deux mille hommes armés au hasard; ils se rendirent à Brive dans le dessein d'y vivre à discrétion et de s'enrichir de ses dépouilles. L'alarme se répandit dans la ville, mais sans déconcerter les habitants. Leur ferme contenance, une compagnie, entre autres, de grenadiers résolus, et quelques pièces de canon chargées à mitraille, firent comprendre aux brigands que leur meilleur parti était de se retirer et d'aller souper dans leur famille.

Une autre crise non moins dangereuse porta le trouble dans Brive. L'assemblée électorale ayant été indiquée dans cette ville, environ cinq cents *Bonnets rouges* des plus factieux s'y rendent tumultueusement; réunis dans l'église des Frères Prêcheurs, ils s'érigent en souverains, mandent insolemment à la barre les officiers municipaux, menacent de faire éprouver à la ville les effets de leur autorité suprême, rédigent de violents arrêtés, etc..... La modération, la prudence des citoyens, les observations des amis de la paix calmèrent l'effervescence des *Bonnets rouges*, et l'orage fut enfin dissipé sans autre accident. La chute de Robes-

---

ils ne réussirent point dans leur tâche difficile : la Convention le fit mettre en état d'arrestation, et il resta détenu jusqu'à l'amnistie du 4 brumaire an IV, dans laquelle il fut compris.

(Note de l'Éditeur.)

pierre et de ses partisans ramena l'ordre et la sécurité publiques. Les détenus furent mis en liberté, etc.

Puisse le souvenir de tant d'horreurs, dont la France fut le sanglant théâtre, servir de leçon à la postérité, si jamais elle entend parler de projets de révolutions, sous prétexte du bien public !

Ce n'est pas au reste la très-grande majorité des habitants de Brive et des campagnes voisines qui approuvait les nouveaux événements, ou concourait à seconder les excès des révolutionnaires. On sait qu'une poignée de brigands déterminés domine, par la frayeur qu'ils inspirent, une armée d'honnêtes et paisibles citoyens.

Pendant même le règne affreux de la Terreur, la ville de Brive se distingua d'une manière honorable par une proclamation ou adresse au peuple des villes et des campagnes. Cette circulaire fut jugée si pathétique et si propre à modérer la fougue de la multitude qu'on se hâta de l'insérer dans les journaux. L'Assemblée nationale en ordonna l'impression et l'envoi aux départements et aux districts, afin que tous les curés la publiassent à la messe paroissiale, ce qui produisit un bon effet. Quelques écrivains en ont fait l'éloge.

Honneur aux sages rédacteurs de cette proclamation ! (1)

------

(1) Cette proclamation ne fut point envoyée pendant le règne de la Terreur, comme le dit Leymonerie ; elle date des premiers temps de la Révolution, et fut rédigée par le « comité patriotique » de Brive, pour mettre fin aux troubles qui éclatèrent à cette époque dans le Limousin, le Périgord et le Quercy.

Voici ce qu'on lisait à ce sujet dans le *Journal de Paris*, n° 45, du dimanche 14 février 1790 :

« La principale cause de ces troubles était la profonde ignorance qu'avaient les habitants des campagnes de ces provinces

CHAPITRE XXXIII

—

Précis statistique de la ville de Brive et de ses environs.

La statistique est la description de quelque lieu particulier, de la position et de la nature du sol, de ses divers produits, du genre de commerce et d'industrie qu'on y exerce, etc., etc. C'est ce qu'on appelle topo-

---

sur les décrets de l'Assemblée nationale. Cette ignorance était telle que dans quelques villages du Limousin, on avait fait croire aux paysans que les décrets de l'Assemblée leur permettaient de piller les seigneurs.

» Dans les environs de Brive, les attroupements du penple eurent les suites les plus fâcheuses, et il y eut un assez grand nombre d'hommes tués et blessés. Heureusement que l'attitude des membres du comité patriotique de Brive contribua beaucoup à l'apaisement des esprits ; ils publièrent, au sujet de ces faits regrettables, une adresse remarquable qui fut reproduite par presque tous les journaux de l'époque.

» Cet écrit, disait avec raison un député, mériterait d'être traduit dans tous les patois des provinces et lu au prône de toutes les paroisses. »

Nous croyons devoir citer quelques passages de cette proclamation :

« Tous les braves gens, messieurs et chers amis, voient avec la plus grande peine ce qui se passe dans quelques paroisses. Ceux qui forment des attroupements et qui se rassemblent pour aller soit chez les seigneurs, soit chez d'autres particuliers, sont coupables envers la nation et envers le roi : le roi et l'Assemblée nationale défendent ces attroupements sous les peines les

graphie. Depuis quelques années qu'on a inventé cette
nouvelle expression, la statistique est devenue à la
mode. Une foule d'écrivains en ont composé de longs
traités pour chaque département. Il convient donc d'en
tracer un abrégé pour compléter cet ouvrage.

Le département de la Corrèze est divisé en trois
arrondissements; de Tulle, d'Ussel et de Brive. Ce
dernier est sans contredit la plus belle partie méridionale. Il offre partout des chaînes de montagnes et
de collines, séparées par quelques petites plaines ou
par des vallons et des gorges; le tout arrosé par des
rivières et des ruisseaux qui fertilisent les prairies et y
favorisent la végétation. Ce mélange de hauteurs et de
bas-fonds rend les perspectives infiniment plus variées

---

plus graves. Vous manquez à la loi, vous allez contre les premières notions de la justice et de la raison, quand vous vous
présentez en attroupement chez quelqu'un pour manger son pain,
pour boire son vin et pour le mettre à contribution.

» Si les ennemis très-étrangers venaient en faire autant chez
vous, vous vous plaindriez assurément. Combien ne doivent pas
se plaindre vos voisins qui se voient ainsi persécutés par leurs
propres concitoyens, par leurs propres frères qui devraient être
les premiers à les protéger et à les défendre !..,

» ....La violence n'est jamais permise ; si vous prétendez que
votre voisin, riche ou pauvre, vous doive quelque chose, vous ne
pouvez pas employer la violence pour l'obtenir, vous devez vous
pourvoir devant les juges. Quand l'Assemblée nationale a dit
que tous les hommes étaient égaux en droit, elle a entendu seulement qu'ils doivent tous être également protégés par les lois ;
mais elle ne veut pas que personne ait droit sur les propriétés
d'un autre, elle veut que chacun soit plus assuré que jamais de
jouir avec tranquillité de ce qu'il possède.

» Ceux qui ont persuadé ces attroupements dans les paroisses
où ils ont eu lieu, sont des ignorants ou des méchants qui ont
trompé les autres; ils ont fait faire des maux infinis qui, tôt ou
tard, retomberont sur eux, et peut-être sur la société tout entière. »

et plus agréables que dans les pays unis de grandes plaines.

Ce département est limité au Nord par celui de la Haute-Vienne et de la Creuse ; à l'Orient par celui du Puy-de-Dôme et du Cantal ; au Midi par celui du Lot ; et au Couchant par celui de la Dordogne. Il comprend deux cent quatre-vingt-dix-neuf lieues carrées, de deux mille deux cent quatre-vingts toises. Sa population est d'environ 280,000 habitants. Son étendue du Nord-Est au Sud-Ouest a près de vingt lieues, et sa largeur du Nord au Sud quinze (1).

La ville de Tulle, située dans le plus mauvais climat, en est devenue la capitale depuis qu'elle possède le siége de la préfecture (2). L'Anglais Arthur Young ne parle qu'avec enthousiasme des sites enchanteurs du département de la Corrèze : il l'avait parcouru, dit

---

(1) La superficie du département de la Corrèze est de 586,618 hectares. Sa plus grande longueur, prise du Nord-Est au Sud-Ouest, est de 120 kilomètres. Sa largeur, du Nord au Sud, varie entre 30 kilomètres à l'Est d'Ussel, et 90 kilomètres de la frontière du département de la Creuse à celle du Lot. Sa population était, en 1876, de 311,525 habitants.

(Note de l'Éditeur.)

(2) Brive, par son antiquité, par sa population, par son importance, comme la seule place de guerre du pays régulièrement fortifiée, était évidemment la capitale du Bas-Limousin. Tulle, néanmoins, sa jeune rivale, s'avisa de lui enlever cette ancienne prérogative vers la fin du xii° siècle.

Après des discussions peu honorables pour les promoteurs, les Brivistes, généreux et pacifiques, consentirent à ce que les deux villes prissent, alternativement par année, le titre contesté. Une convention aussi singulière ne pouvait être exécutée longtemps de bonne foi. Pour éviter de nouvelles disputes, Brive et Tulle furent nommées concurremment principale et capitale du Bas-Limousin, dans tous les actes publics et privés, au gré des rédacteurs, jusqu'à la Révolution.

(Note de l'Auteur.)

M. Lavallée, dans les jours où le printemps sourit à la
nature, où la fraîcheur de la verdure embellit la variété
des côteaux et des vallons... Mais, ajoute-t-il, le terrain
peu fertile et presque stérile dans une partie du Nord
et de l'Est, rend à peine quatre pour un de la semence.
Ce calcul est exagéré, surtout pour la majeure partie
de l'arrondissement de Brive et pour celle qui avoisine
la Dordogne. Les vins, le seigle, le froment, le maïs et
les autres grains y donnent des récoltes plus que mé-
diocres dans les années favorables. Le pays le moins
fertile au Nord-Est produit du seigle, de l'avoine, du
sarrasin et des pommes de terre.

Les établissements les plus utiles et les plus remarquables de ce département peu fortuné en général, et
cependant plus grevé d'impositions que le Lot et la
Dordogne, sont le haras de Pompadour, des forges,
des carrières d'ardoise, des étangs poissonneux, des
papeteries, la filature de coton de Brive, la belle manufacture d'armes de Tulle, qui occupe environ 1,500
ouvriers des deux sexes, et la verrerie de Valette. On
se sert, dans ces deux dernières, de charbon de terre.

La grande et presque la seule ressource du département de la Corrèze consiste dans le commerce des
cochons et des bestiaux. On en exporte des vins dans
l'Auvergne et le Haut-Limousin ; mais l'arrondissement de Brive importe du Lot beaucoup de froment,
de moutons, de laine et de chanvre. La fréquentation
journalière des grandes routes donne un air vivant à
Brive ; mais la ville paie cher cet avantage par le
logement des gens de guerre et par les secours que les
habitants leur fournissent gratuitement.

De savants naturalistes qui ont examiné et fouillé
même le sol du Limousin, assurent qu'il abonde en
mines de toute espèce de métaux : de cuivre, d'étain,
de plomb, de crocus, d'alun, etc.; qu'il y a assez de

charbon de terre pour chauffer l'Europe pendant un siècle... La matière blanche et fine, découverte depuis quelques années près de Saint-Yrieix, est la plus pure et la plus parfaite connue pour la porcelaine. On en emploie dans les manufactures de Paris. On voit encore dans la montagne d'Ayen les puits qui servaient à l'exploitation des mines d'or et d'argent ; celles de plomb et d'étain mêlé d'un peu d'argent, près de Juillac, ont été également abandonnées, faute de fonds suffisants pour les avances des entrepreneurs (1).

Il y a peu dans ce pays de ces vastes forêts conservées dans d'autres provinces. Celles qui y restent se dégradent de jour en jour, principalement depuis la Révolution. La contrée est cependant encore assez fournie, surtout dans la partie la plus froide, de bois de chênes, de hêtres, de châtaigniers, etc. La partie méridionale l'est moins parce que les côteaux y sont plantés en vignes. Le défaut de routes pour les voitures rend le transport des bois si coûteux et si difficile dans le nord qu'on en coupe peu, même pour l'exportation du merrain, si rare en temps de guerre.

Les principales rivières de ce département sont la Dordogne, qui le borne presque en entier au Levant. La Corrèze et la Vezère le traversent de l'Est à l'Ouest, et se joignent au bas de la plaine de Brive. Le Haut-Vezère, sorti de la Haute-Vienne, après avoir serpenté dans la petite ville de Ségur, passe dans le ci-devant Périgord et se joint à l'Ile, près Périgueux. Cinq à six petites rivières : la Diège, la Lusège, etc., dans le Nord-Est, ont leur direction vers la Dordogne, le Puy-de-Dôme et la Creuse. Les autres, en grand nombre, ne

---

(1) L'exploitation des mines de Chabrignac et Saint-Bonnet-Larivière, près Juillac, a été reprise depuis plusieurs années.
(Note de l'Editeur.)

sont que des ruisseaux plus ou moins considérables, qui entretiennent la fraîcheur et la verdure dans les gorges et les petits vallons des montagnes, où on fait d'excellents fromages,

Les chevaux du département de la Corrèze et d'une partie de la Haute-Vienne sont renommés pour leur finesse, leur légèreté et leur durée. Les mieux constitués, de pure race Limousine, sont très-recherchés et se vendent depuis trois, quatre, jusqu'à six et huit mille francs. Le haras de Pompadour a des chevaux arabes, africains, espagnols... de la plus belle espèce. Il y a chaque année des prix pour les plus beaux et pour les vainqueurs présentés aux courses à Limoges et à Tulle.

Le commerce des bœufs d'engrais pour les boucheries de Paris donnait autrefois des bénéfices considérables, et utilisait les fourrages et autres denrées superflues du pays mais depuis la Révolution, principalement, presque tous les marchands de bœufs y ont été ruinés, et les autres dérangés dans leur fortune.

Les quatre grandes routes qui se croisent à Brive étaient presque impraticables, il y a soixante ans, pour les voitures. Le courrier et la messagerie de Paris à Toulouse n'y passaient avec peine qu'une fois par semaine. M. Dubois, surintendant des ponts et chaussées, avait commencé à faire améliorer ces routes. MM. les intendants de Limoges, et surtout le grand administrateur M. de Turgot, continuèrent de les faire redresser, aplanir et paver, en sorte que les routes du Limousin sont des plus belles de France. Le lit de la Corrèze fournit abondamment le cailloutage et le gravier pour les affermir près de Brive, ce qui serait précieux dans beaucoup d'autres départements.

Statistique ou topographie particulière de Brive.

Cette ville est si‌tuée sous le dix-neuvième degré 10 minutes de longitude du méridien de l'île de Fer, et sous le quarante-cinquième 15 minutes de latitude septentrionale, à égale distance de l'Équateur et du Pôle nord. Lors des équinoxes, le 21 mars et le 21 septembre, le soleil décrivant le cercle de l'Équateur, censé diviser le ciel et la terre en deux parties égales, on a quelques jours égaux aux nuits, puisque cet astre paraît sur l'horizon à 6 heures du matin, et disparaît à 6 heures du soir. Il en est autrement aux deux solstices d'été et d'hiver. Vers le 21 juin, le soleil trace le tropique-nord, dit du *Cancer*; il se lève à Brive et dans les environs à 4 heures 12 minutes, et se couche à 7 heures 48 minutes; le jour est par conséquent de 15 heures 36 minutes, et c'est le plus long de l'année. Vers le 21 décembre, le soleil ne se lève qu'à 7 heures 40 minutes, et se couche à 4 heures 20 minutes; il paraît donc sur notre horizon pendant 8 heures 40 minutes, en décrivant le tropique-sud, dit du *Caper*; c'est le jour le plus court de l'année. Lors de ces deux solstices, le soleil, durant quelques jours, ne semble pas changer sa direction pour se rapprocher de nous et de l'Équateur. Le vulgaire a peine à croire que le soleil, au solstice d'hiver, se trouve plus près de la terre d'environ trois millions de lieues qu'au solstice d'été. La différence du chaud et du froid provient de celle du séjour du soleil sur notre horizon, et de l'obliquité de la direction de ses rayons, beaucoup plus grande en hiver qu'en été.

La plaine de Brive a deux lieues, ou environ sept

mille quatre cents mètres de longueur, et près de demi-lieue, ou mille sept cent trente-quatre mètres de largeur, non compris l'embouchure de dix à douze gorges ou petits vallons qui l'élargissent à divers intervalles. Le sol, en général sablonneux, est composé d'une première superficie de terre végétale, et en dessous de plusieurs couches de gravier, de cailloutages, de terre commune et de glaise jusqu'au fond en tuf, comme je l'ai examiné dans nombre de puits que j'ai vu creuser. Le terrain est assez fertile, à cause du travail à la bêche et des engrais que la ville fournit abondamment.

Les collines qui bordent la plaine au Nord et au Midi n'étant élevées que de cent cinquante toises au-dessus de la plaine, celle-ci est à découvert, pour ainsi dire, comme un plateau des plus agréables. Le sol, divisé en terres labourables, en prairies et jardins très-bien cultivés, produit toute sorte de grains, de fruits, de légumes, du chanvre, du lin, etc. Les productions du lin y sont précoces ; mais depuis surtout quelques années, de petites gelées extraordinaires aux mois d'avril et de mai en font souvent périr une partie.

La ville de Brive, située presque au centre de la plaine, sur la rive gauche de la Corrèze, est de forme ronde, un peu ovale. Son enceinte est exactement limitée par des maisons bâties sur les anciens murs de fortification et par la chaîne des parterres qui les environnent. Ces parterres ou petits jardins, très-variés, sont eux-mêmes circonscrits par des ruisseaux revêtus en pierre, et par des allées d'ormes, ce qui offre un contour charmant et quasi unique en son genre. Les deux grandes routes de Paris à Perpignan, par Orléans, Limoges, Cahors, Toulouse, etc., et de Bordeaux à Lyon, passant à Périgueux, Terrasson, Tulle, Clermont, etc., se croisent à angles droits à Brive, et y établissent un centre remarquable de communication pour tout l'intérieur de l'empire (1).

La population de la ville est d'environ cinq mille trois ou quatre cents individus, et celle de la banlieue de deux mille deux cents (2). L'accroissement des villes voisines, principalement de celle de Tulle, a modéré celui de Brive. Ce n'est pas un mal, en saine politique, soit à cause de la dépravation des mœurs, du luxe et des autres inconvénients incontestables des grandes cités, soit à cause de la difficulté des subsistances et des approvisionnements de tout genre, puisque même dans l'état actuel de la ville, la plaine et les paroisses voisines ne peuvent suffire à lui fournir les objets de première nécessité. Elle paierait bien cher l'honneur d'être beaucoup plus populeuse. Il y a toujours assez de consommateurs superflus dans les grandes villes. C'est dans les campagnes que l'agriculture manque de ces bras nourriciers, qui sont la première source de la prospérité des nations.

La ville de Brive avait jadis des fortifications dont il

---

(1) L'établissement des voies ferrées n'a pas fait perdre à Brive sa position exceptionnelle comme centre de communications pour l'intérieur du pays. La prospérité de cette ville n'a fait que s'accroître depuis 1860, date de l'inauguration de la ligne de Périgueux-Brive-Capdenac, premier chemin de fer qui pénétrait dans la Corrèze. En 1871 a eu lieu l'inauguration de la ligne de Brive à Tulle, et en 1873 celle de la ligne de Limoges-Saint-Yrieix-Brive.

Les deux grandes lignes les plus directes de Paris à Toulouse, par Limoges, Uzerche, Brive, Souillac, Cahors et Montauban, et de Bordeaux à Lyon, par Brive, Tulle, Ussel et Clermont, se croisent aussi à angles droits à Brive.

(Note de l'Editeur.)

(2) D'après le recensement de 1876, la population totale de la commune de Brive s'élève à 11,920 habitants.

(Note de l'Editeur.)

est bon de conserver le souvenir. Les murs de son enceinte, hauts d'environ trente-six pieds et de trois à quatre d'épaisseur, étaient flanqués de plusieurs tours entre celles des portes, de guérites et d'un corridor pour la communication de tous ces ouvrages. Les sept portes d'entrée, à peu près à égale distance, où aboutissent autant de routes principales, étaient doubles ou triples, avec des ponts-levis, etc., etc. Des vieillards, qui les avaient vues en bon état, m'ont assuré que les remparts étaient garnis d'environ cinquante canons ou pièces de campagne en bronze, avec quelques mortiers à bombe. L'approche des remparts était défendue par des fossés remplis d'eau.

Lorsque la ville de Brive était jadis exactement close par des murs élevés entourés de fossés marécageux, lorsque les portes de ville étaient fermées la nuit et souvent une partie du jour, etc., l'air ne devait pas y être fort sain. Mais depuis que les portes et les murs ont été abattus, que les fossés ont été comblés, que l'île de Guiherle et un étang voisin ont été desséchés (1), etc.,

---

(1) Cette île de Guierle, aujourd'hui si agréable, et qui forme sans contredit la plus belle place du département, n'a été pendant longtemps, et jusque vers 1848, qu'un marais plus ou moins fangeux, parsemé d'îlots, ou de monticules formés de toutes sortes de décombres et de détritus immondes.

L'étang dont il est fait ici mention couvrait la partie basse de la propriété des Gaulies, située à deux cents mètres du boulevard, à l'Est de la ville, entre le chemin de Malemort et le petit plateau où se trouve le cimetière de la commune. Cette propriété, qui contient encore des viviers profonds d'une certaine étendue, est traversée de l'Est à l'Ouest par un petit vallon, ou plutôt par une simple dépression du sol partant du ruisseau de Pian, près du moulin des Bordes, et se terminant au boulevard du Salan. Cette dépression paraît avoir servi de lit aux eaux qui, sortant dudit ruisseau, ou peut-être même de la Corrèze, venaient par

l'air y est devenu aussi salubre que dans les villes voisines, malgré le préjugé des malveillants. L'eau des puits des quartiers élevés est très-bonne. Deux fontaines et la rivière, flottant près des remparts, offrent commodément des eaux de la meilleure qualité. L'éboulement continuel de la terre des côteaux, ayant disposé la plaine en pente douce des deux côtés de la Corrèze, cette jolie rivière déborde rarement et rentre bientôt dans son canal naturel, sans laisser ni étangs, ni marais.

Les habitants, aguerris et continuellement exercés aux armes, tenaient lieu presque seuls de garnison étrangère, les rois n'étant pas en état d'y envoyer des troupes régulières, excepté quelquefois dans les derniers temps, comme il a été observé.

L'intérieur de la ville n'est pas aussi agréable que les dehors ; il le devient cependant de jour en jour, par la place et les nouvelles rues qu'on y a ouvertes, et par les jolies maisons qu'on y bâtit ou qu'on répare continuellement, de même que sur les remparts. Le pays offre très à portée, pour les embellissements, ce qu'on trouve difficilement ailleurs : les pierres de taille de différente espèce, la chaux, la belle ardoise, etc.

Tous ces avantages, réunis à la beauté de la plaine et des côteaux environnants, faisaient dire à un homme d'esprit que la nature avait tout fait pour Brive, mais que les Brivistes négligeaient trop de la seconder, soit par un vil égoïsme, soit par défaut de zèle pour le bien

---

une pente naturelle inonder les fossés des remparts de la ville. De nos jours encore, dans les fortes crues de la Corrèze, la partie basse des Gaulies est couverte par des eaux stagnantes. Le nom de Gaulies, en patois *Gaulias*, n'a pas d'équivalent dans notre langue ; il signifie : *lieu marécageux dans lequel on ne peut marcher sans se mettre de l'eau dans les chaussures.*

(Note de l'Éditeur.)

public. Ils n'ont plus, à la vérité, des Lestang, des Dubois, ces illustres citoyens, qui se dépouillèrent généreusement d'une partie de leur fortune en faveur de leur patrie(1). Puisse la Providence en susciter quelques-uns dignes de les prendre pour modèle, selon leurs propres moyens et les circonstances ! Tel est le vœu patriotique que je renouvelle en terminant cet ouvrage, par l'invitation d'un des plus beaux esprits du siècle d'Auguste à ses lecteurs judicieux :

Da placidam nobis, lector amice, manum.

(Ovid. *Éleg.* 4.)

---

(1) La ville de Brive a eu un autre bienfaiteur dans la personne de M. Majour, un honorable médecin, qui par son testament en date du 20 juillet 1834, institua Brive, sa ville natale, sa légataire universelle. M. Majour avait hérité de la plus grande partie de la fortune du maréchal Brune, son cousin germain ; c'est cette fortune qu'il légua à la ville de Brive. Son importance était de 30,000 francs de rente, environ, déduction faite de nombreux legs faits par le testateur en faveur de plusieurs de ses parents et de divers établissements de bienfaisance de Brive et de Paris, qu'il habitait.

C'est grâce à ce bienfaiteur généreux que Brive a pu réaliser les nombreux travaux d'utilité et d'embellissement exécutés depuis 1840.

(*Note de l'Éditeur.*)

CHAPITRE XXIV

—

Le désordre général de la Révolution française n'avait pas épargné l'hospice de Brive. Tout y était dans la confusion et la détresse, malgré les soins des vénérables religieuses de Nevers, qu'on y avait heureusement maintenues contre le vœu des réformateurs. On fut plusieurs fois à la veille de renvoyer une partie des pauvres. Ceux de l'intérieur de la ville absorbaient les aumônes secrètes et publiques.

Dès que l'ordre et la paix commencèrent à reparaître et à rassurer les honnêtes citoyens, M. Étienne Crozat, ancien négociant, distingué par ses vertus et son zèle pour le bien public, se dévoua entièrement à l'administration de l'hospice, dont il est regardé comme le *restaurateur*. Il se hâta d'engager MM. les administrateurs de l'Hôtel-Dieu de Paris d'acquitter les 12,000 francs de rente annuelle dus à l'hospice de Brive, avec les arrérages accumulés depuis plusieurs années. M. Crozat, son fils aîné, domicilié à Paris, secondait avec ardeur, comme il continue encore, les démarches de son père, sous la protection de M. Treilhard.

M. Crozat travailla également sans cesse pour faire rembourser à l'hospice les frais des militaires sains et malades qui y avaient séjourné, et la pension arréragée des enfants trouvés ; pour réparer les bâtiments et le mobilier dégradé ; pour les approvisionnements en tout genre ; enfin pour le rétablissement des règles de discipline et des exercices de religion. Sa mort, survenue à la suite d'infirmités, le 5 mars 1808, répandit la consternation dans l'hospice et même dans la ville ; il était âgé de 74 ans. M. Henry Serre le remplaçait courageusement en qualité de maire de la ville et de président de l'administration de l'hospice, lorsque la contagion pestiférée des prisonniers espagnols, auxquels il prodiguait lui-même ses soins, le conduisit au tombeau, en janvier 1809, ainsi que plusieurs autres personnes charitables des deux sexes.

M. Crozat trouva de grandes ressources pour l'intérieur de l'hospice dans les pieux offices des sœurs de Nevers, et surtout dans ceux de la sœur Thérèse Delor-Dutréset, très-aimable de sa personne ; elle avait consacré depuis plus de cinquante ans ses services continuels au soulagement des pauvres, des infirmes et des petits orphelins, tant de l'hospice que de la ville et de la campagne, avec cette douceur et cette affabilité qu'inspire la religion. Elle mourut le 31 janvier 1804, à l'âge de 74 ans ; ce fut un grand sujet d'affliction publique. Afin de perpétuer le souvenir des mérites et des bienfaits de M. Crozat et de la sœur Thérèse Delor, ils ont été inhumés solennellement dans l'église de l'hospice. Deux épitaphes gravées sur marbre en lettres dorées, et placées sur le mur au-dessus de leur tombeau, contiennent un précis historique des défunts, surnommés avec raison *le Père et la Mère des pauvres.*

Ce supplément, je l'espère, ne paraîtra ni indifférent ni superflu pour les cœurs sensibles aux misères de l'indigence et de l'humanité souffrante.

TABLE DES MATIÈRES

CHAPITRE IX

CHAPITRE X

CHAPITRE XI

CHAPITRE XII

CHAPITRE XIII

CHAPITRE XIV

CHAPITRE XV

CHAPITRE XVI

CHAPITRE XVII

CHAPITRE XVIII

CHAPITRE XIX

CHAPITRE XX

GRAVURES

ERRATA

Page 76, ligne 4. Au lieu de : *et y fut tué*, il faut lire : *et fut assassiné à Montereau*.

Page 117, ligne 1. Au lieu de : *le plus ancien tribunal*, il faut lire : *le chef du plus ancien tribunal*.

Pages 137 et suivantes : *Aubazine* doit être écrit : *Obasine*, conformément aux plus anciens documents relatifs à cette abbaye.

Brive, imprimerie Marcel ROCHE, rue des Échevins.

www.ingramcontent.com/pod-product-compliance
Lightning Source LLC
LaVergne TN
LVHW050414060726
842524LV00002B/571